U0069342

獻給第二次世界大戰期間於「血腥籬田」裡英勇作戰的美軍將士們

籬牆之戰

一九四四年六至七月，布萊德雷的第1軍團在諾曼第

The Battle of the Hedgerows

Bradley's First Army in Normandy, June–July1944

李歐・多特提（Leo Daugherty）◎著

于倉和◎譯

軍事連線
Military Link

目錄

前　言

因為美軍第1軍團未能於一九四四年六月六日登陸後，在最短時間內突破鄉間的籬田地帶，盟軍在諾曼第（Normandy）登陸後這段時期內的作為已成為多位戰史學者之間激烈辯論的主題。本書希望以圖解的方式，詳細闡釋盟軍的計劃為什麼沒有將地形因素與德國國防軍（Wehrmacht）將地形轉變為防禦優勢的能力納入考慮。《籬牆之戰》一書對美軍在奧瑪哈（Omaha）和猶他（Utah）灘頭登陸後接下來七周的行動，以及德軍加強抵抗所形成的消耗戰有徹底而深入的描述。

德懷特‧艾森豪將軍（Dweight Eisenhower）和盟國遠征軍最高司令部（Supreme Headquarters Allied Expeditionary Force, SHAPE）的參謀們曾希望美軍和英軍部隊，能夠憑藉在人員與物資等方面超越科騰丁半島（Cotentin）上德軍的壓倒性優勢，迅速向內陸推進，但情報不足，加上目標設定野心過大等

因素，使奧馬爾‧布萊德雷中將（Omar N. Bradley）的第1軍團幾乎陷入災難當中。由於無法儘快向內陸推進，籬田間的戰爭發展成血腥的僵局，打亂了盟軍在法國迅速取得勝利的時間表，並使國防軍得以匆忙地重整旗鼓並加強兵力。

本書將檢討籬田實際戰鬥情形與盟國遠征軍最高司令部制定計劃相互衝突的狀況，以及在諾曼第最初的登陸行動，還有未能看穿德軍防禦原因，導致戰局在隨後的消耗戰中達到高潮；我們也可以觀察到在籬田間的會戰，美軍和德軍步兵為了爭奪灌木樹籬的控制權，進行如花式煙火般四處爆發的小規模戰鬥時，戰車和步兵協同作戰發揮了它的看家本領。這是一場由步兵進行、也由步兵獲得勝利的會戰，各步兵班在一道道籬牆之間激烈地戰鬥，而這場在鄉間籬田中進行的戰鬥不但為今日的步兵上了重要的一課，也提醒我們第二次世界大戰終究是一場步兵的戰爭。

第一章
盟軍登陸前的計劃與目標

大君主作戰（Operation Overlord）的計劃制定人員對籬田鄉間有多少了解、以及一九四四年時德國陸軍在諾曼第的組織與指揮架構。

為了更詳細地探討在D日（D-Day）之後發生的僵局，我們有必要探討D日前的盟軍戰略，以及一旦盟軍登陸諾曼第，德軍為對抗登陸行動所採取的防禦戰略。在這場於籬田鄉野進行的戰役中，攻勢計劃與守勢計劃並存，且相互影響。

法國籬田鄉間的戰鬥在大君主作戰的最初計劃中有其原由。當雷・巴克爾少將（Ray Barker）（艾森豪將軍的副參謀長及美軍計劃小組前任主管）與英軍首席計劃官辛克雷爾少將（J. E. Sinclair）於西元一九四二年末與一九四三年初開始調查在西北歐進行大規模登陸的可能地點時，很少考慮到灘頭後方的地形；在徹底研究過所有潛在的登陸位置後，巴克爾和辛克雷爾將軍都在報告中指出，考量到這場戰役的全面戰略、以及佔領能滿足需求的港口設施為初期作戰目標，且為了擁有一塊可進行迅速集結的地區以抗衡敵軍的集結，岡城（Caen）與科騰丁半島都被認可作為主攻地區。當計劃人員的結論指出延伸已經脆弱的補給和交通線牽涉到可以忍受的風險時，他們仍然同意這樣的風險只有在「基本上考慮到在塞納河（Seine）的掩護下，於河的西邊集結一支龐大兵力」才是「可以忍受的」。[1]

經過一九四三年最初幾個月間的幾次作業修正後，在西北歐登陸的基本計劃於三月一日獲得聯席指揮官暫時批准代號為「摩天大樓」（Skyscraper），並成為以後所有越過海峽攻擊計劃與最初作戰準則的基礎。該計劃要求在岡城與科騰丁半島東部海灘同時登陸，最先一波登陸兵力要有四個師，隨後幾波則有六個師。這份計劃也要求另外十八支突擊隊（每支約七百人左右）在敵軍戰線後方進行特殊的突襲行動，此外四個空降師將阻擾德軍動員後備部隊增援登陸地區的企圖。在最初的登陸部隊攻佔灘頭和瑟堡（Cherbourg）的港口後，有必要進行另一次登陸以協助橫越內陸的攻擊。之後，登陸部隊將繼續向東北方朝安特衛普（Antwerp）前進，並攻佔加萊（Pas de Calais）與魯爾（Ruhr）之間的區域。[2]就本質上而言，盟軍將穿越歐洲東北部進行大規模掃蕩行動，解放法國與低地國家，並

←成功的兩棲登陸需要特別的裝備。D日前這輛DUKW兩棲卡車和它正在登上的美國海軍戰車登陸艦（Landing Ship, Tank, LST）可說是應用了1944年時的最高科技。

↑1943年2月，發生在突尼西亞凱塞林隘口的美國陸軍首場大規模會戰過後，美軍士兵正在檢查一輛義軍戰車是否被放置詭雷。美國的新陸軍雖然在這場會戰中敗給隆美爾，但他們迅速從中汲取教訓。

向德國心臟地帶長驅直入。這場將在一九四四年六月六日發動的戰役，會是一場盟軍利用裝甲部隊和機械化部隊的優勢，以及透過較為優越的後勤體系，迅速發揮補給能力的機動戰。

摩天大樓計劃經過數次修正後，改稱為大君主計劃，將焦點放在做為主要和次要登陸地點，岡城——科騰丁半島地區，且盟軍計劃人員就以此地點著手草擬最後的計劃，不只要入侵歐洲，還要擊敗國防軍和納粹德國。當英美情報官員針對德軍在諾曼第地段的兵力多寡、地形，特別是布萊德雷中將

指揮的第1軍團將要投入戰鬥的諾曼第籬田鄉間，透過「極」小組（Ultra）（解讀極機密德方電傳打字機訊息的行動代號）搜集報告並攔截德軍無線電通訊時，卻未受到各級指揮官的重視，將要在那裡作戰的官兵也沒有得到提醒。布萊德雷在戰後回憶錄中寫道盟軍希望儘一切可能避免一場血腥的消耗戰，他主張：「從展開大君主作戰計劃作業的那一刻開始，我決心要不惜一切代價避免那些可能會拖累我們前進、並導致我們陷入第一次世界大戰壕溝戰局面的圈套。」[3]他補充說，機動性是在法國迅速決

勝的關鍵，就像一九四三年在突尼西亞（Tunisia）一樣：

「我們曾在突尼西亞進行一場迅速的機動戰爭，當地地形對我們有利，而我確信那些戰術可以在橫越法國的急襲中重現；憑藉著英美聯軍各師所累積的機動力和火力，我們能輕易地在一場開放的機動戰爭中贏過德軍，並超越他們。」[4]

儘管布萊德雷提出美軍必須立即突破灘頭，並迅速向內陸推進的意見，但第1軍團並沒有準備好面對增強抵抗的德軍與地形不適合的事實依然存在，在能夠進行大君主作戰為這次入侵制定的全面性戰略目標中所要求的機動戰之前，第1軍團將在諾曼第面臨這兩個要素的挑戰。

在D日登陸前，英軍與美軍計劃人員了解鄉間籬田的存在、以及在有利於守軍的地形上戰鬥的各種局限，這已是眾所皆知的事實。鑑於英軍與加軍作戰地段〔伯納德・蒙哥馬利元帥（Bernard L. Montgomery）的第21集團軍〕上的地形因屬於開闊的鄉野、牧草地和綿延起伏的山丘而有利於進行機械化作戰，指派給美軍部隊的地區，是由破碎且崎嶇不平的地形特徵所組成的迷宮，周圍環繞著法文

↓1943年在突尼西亞面對非洲軍的美軍是毫無經驗的新手，他們因此戰敗。

中稱為籬田——被茂密灌木樹籬圈
起的小塊田地。當美軍部隊開始從
諾曼第海灘向內陸地區推進的那一

刻起，就一頭撞進一道又一道數不
盡的籬牆、或厚度從三百公釐至
一‧二公尺（一至四英呎）不等，

高度則介於九百公釐到四‧五公尺（三至十五英尺）之間由樹籬和樁實的泥土組成的半泥土路堤當中。

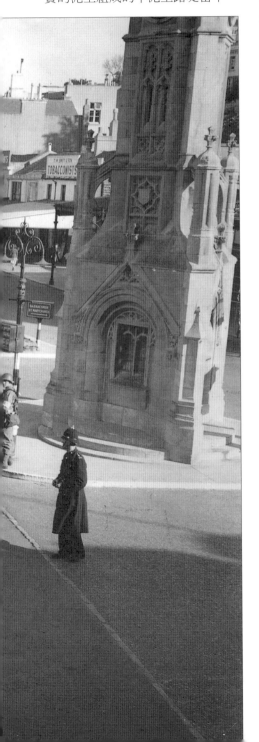

從這些灌木樹籬中長出來的小樹、灌木和藤蔓妨礙了視野和機動。這些灌木樹籬圍住了每一塊田地，並將完整的地形切割開來，限制了部隊迅速移動的能力。每一道灌木樹籬都有一個缺口，居民和家畜可以從裡面走到在樹籬外雜亂延伸的狹窄道路。雖然第1軍團的地段內有一些硬質鋪面道路，但籬田鄉野裡大部份的道路都是沒有鋪設路面的次級泥土路，路的兩邊長滿茂密的植被，進一步限制了人員和物資的移動。

如同一位歷史學家所寫的，這種灌木樹籬遍佈的區域在軍事上的特性相當明顯：

「每一塊田地上的灌木樹籬，都被證明是守軍絕佳的掩護及隱蔽處，對攻方來說則是難以克服的障礙。無數塊相鄰的田地可以串連起來，形成縱深梯次排列的天然防禦陣地，濃密的植被提供了極佳的迷彩偽裝，並限制戰鬥單位的部署；灌木樹籬也壓縮了觀測範圍，幾乎不可能運用大口徑武器的火力直接攻擊，也妨礙了間接砲兵火力的校正。結果，任何人只要佔領相對於周圍鄉村地帶能提供良好觀測範圍，與清楚視野的高地，就能擁有獨特的優勢⋯⋯」[5]

另一方面，美軍與德軍計劃人員均發現，當會戰在籬田中進行時，第1軍團作戰地段內的硬質鋪面道路對盟軍向內陸的卡倫坦（Carentan）和聖洛進軍的成敗有舉足輕重的影響。不論是哪方控制了聖洛，就能夠持續掌握大部份的

←在D日登陸猶他灘頭的三天前，美軍第4步兵師的官兵在拂曉後立即行軍穿越德文郡（Devon）的托奎（Torquay）空無一人的街道，前往港口登船。到了6月22日，這些士兵將會突擊德軍在瑟堡的堡壘。

籬田鄉間道路網，因而防止或有利於盟軍的深入。[6]

考量到一九四四年的夏季的可能是自一九〇〇年以來最潮濕夏季，卡倫坦以西地區，特別是籬田鄉間已經變成沼澤地的事實，這種狀況將轉而限制美軍車輛的移動，實際上將不可能穿越鄉間進行機動，再加上目前覆蓋在諾曼第戰場上空的雲幕高度和低能見度，在籬田中與德國陸軍戰鬥的美軍官兵大部份時間內將無法獲得龐大的戰鬥機，與轟炸機機隊進行密接空中支援帶來的優勢。再加上補給的問題，由於使美軍空中支援作業暫停的同一場暴風雨影響，美軍士兵將被迫直接對付已有時間將自己巧妙佈置在諾曼第籬田鄉野間的德國陸軍。

諾曼第的德國陸軍

在籬田鄉間面對美軍第1軍團的德國陸軍，是後備部隊、新兵、受徵召外籍人士組成的部隊與身經百戰老兵的混合。在D日當天及接下來不久之後的期間，法國境內的德軍總指揮官是西線總司令格爾德·馮·倫德斯特元帥（Gerd von Rundstedt），緊接著由倫德斯特元帥直接管轄的是兩位次級指揮官，一位是艾爾文·隆美爾元帥（Erwin Rommel），也就是聞名遐邇的「沙漠之狐」（Desert Fox），他指揮B集團軍〔荷蘭與羅亞爾（Loire）防區〕，另一位是約漢納斯·布拉斯柯維茨上將（Johannes Blaskowitz），負責統

帥G集團軍〔羅亞爾河、西班牙邊界、地中海與阿爾卑斯山（Alps）防區〕。

隆美爾元帥的B集團軍下轄兩個軍團，包括八個軍部、二十四個步兵師和兩個空軍（Luftwaffe）野戰師，這兩個軍團分別為第15

軍團與第7軍團。第15軍團由漢斯・馮・薩爾穆特上將（Hans von Salmuth）指揮，他是位經驗豐富的野戰指揮官，擁有極高的戰術與作戰敏銳度，在第一線部署四個軍部、五個步兵師和兩個空軍野戰師，七個步兵師和一個空軍野戰師做為預備隊；另一個軍團是由佛瑞德里希・馮・多爾曼上將（Friedlich von Dollman）指揮的第7軍團，下轄三個軍部，有五個步兵師位於第一線，兩個步兵師做為預備隊，此外還有第91空降師，後來又增加兩個傘兵師。值得一提

↓1944年3月在科尼許（Cornish）海岸外的一次訓練中，第462兩棲卡車連的一輛DUKW兩棲卡車正在登陸。英格蘭西南部是美軍第1軍團的轉運地區。

的是，各傘兵師在籬田間的戰鬥中進行了最強硬的抵抗。

一九四四年西方的德國陸軍

德軍西線總司令
倫德斯特元帥

B集團軍
隆美爾元帥

第15軍團
薩爾穆特上將

第一線線編組
步兵師（陸軍）
第47、第49、第70、第344、第711步兵師。
空軍野戰師（空軍）
第17、第18空軍野戰師。

後備師
步兵師（陸軍）
第64、第85、第89、第182、第326、第331、第712步兵師
空軍野戰師（空軍）
第19空軍野戰師

第7軍團
多爾曼上將

諾曼第
步兵師（陸軍）
第716、第352、第243步兵師*
空軍野戰師（空軍）
二個傘兵師**
第91空降師

後備師
步兵師（陸軍）
第84、第353步兵師

海峽群島
步兵師（陸軍）
第266、第353步兵師

西線裝甲部隊
蓋爾‧馮‧史維本柏格將軍（Geyr von Schweppenburg）
黨衛軍第1裝甲軍
黨衛軍第1裝甲師
黨衛軍第12裝甲師
第2裝甲師
第21裝甲師
第116裝甲師

* 在一九四四年六月六日入侵時並未達到滿編狀態。
**在諾曼第登陸後加入戰鬥序列。

　　從庇里牛斯山（Pyrenees）到丹麥邊界的整條大西洋前線由大約六十個半機動步兵師駐守，主要是由後備軍（Replacement Army）人員組成，因為大部份經驗豐富、驍勇善戰的老兵正沿著東線對抗蘇聯紅軍。

　　至於西線這些部隊的素質，步兵上將漢斯‧史派德（Hans Speidel）在當時寫道，他們「大部份來說年齡過大，無法勝任賦予他們的任務，並且缺乏裝備，簡直可以跟第一次世界大戰末期的步兵師相提並論。」史派德將軍還補上一句批評，表示許多這類步兵師裡的

軍士官也同樣沒有「為他們眼前任務做好準備」。[7]

　　在一九三九年及一九四三年間，標準的德軍步兵師是以三團三營制為基礎編組，擁有三個步兵團，每團則有三個步兵營。每個步兵團除了十二個步兵和重兵器連以外，還附加了一個步兵榴彈砲連及一個反戰車連。每個師擁有一個反戰車營和一個偵察營，建制的砲兵火力由一個砲兵團組成，下轄一個

中型砲兵營（一五○公釐榴彈砲）和三個輕型砲兵營（一○五公釐榴彈砲或野戰砲），總計有四十八門火砲。由於包括反戰車和偵察單位，德軍師的編制要比美軍的師大得多，總數約有一萬七千二百人。

　　然而，經過將近四年持續不斷地戰鬥，德國陸軍步兵師的力量已經大幅衰退，不過步兵師所保有的火力依然受到關注。由於有越來越多人獻身東線，遏制紅軍向西推

↑這就是第1軍團將要面對的鄉間：諾曼第籬田區域的灌木樹籬。仲夏時節植物生長茂密，將這些被忽略的封閉田地轉變成幾乎無法穿越的防衛屏障。

進，國防軍因而頒布新的步兵師組
織表，當中把步兵營的數目從三個
減為兩個，但即便如此，數目還是
大幅減少，到了一九四四年，一個
步兵師大約有一萬二千七百六十九
名軍官及士兵。國防軍各級指揮官
試圖透過裁減非核心人員，像是補
給與其他非戰鬥相關兵科來維持師
的戰鬥力量。事實上，依據一九四
四年式的步兵師編組，他們能夠維
持百分之七十五～八十的戰力。

步兵營

每個師的步兵營總數減少，緩
和了了為偵察目的而增加所謂輕步兵
的狀況。輕步兵的編制類似步兵
營，其中一個連會配備腳踏車以加
強機動性。輕步兵營也有稍微多一
點的馬拉車輛和一些摩托化運輸工
具，當時德國陸軍各師師長將這個
單位視為第七個步兵營。

除了削減每個團當中營的數目
之外，步兵班和步兵連的人員總數
也被削減，但每個連的自動武器數
目卻不減反增，這點將對籬田間的
戰鬥造成直接影響，因為德軍的
戰術準則總是強調小型步兵單位
應裝備最大的自動火力。平均來
說，一個德軍步兵連能夠投射的火
力，大約是美軍的二至三倍，雖
然標準的步兵武器是栓式的毛瑟
（Mauser）98k步槍，連級火力的
增加要歸因於九公釐口徑MP40衝
鋒槍及像是MG42之類輕機槍的廣
泛使用。雖然設計上是多人操作的
武器，但諾曼第地區的MG42機槍
時常配備五十發裝的古耳托梅爾

（Gurttromel）彈鼓，由於射擊速
率異常地高（每分鐘最高可達一
千發），這種彈鼓使MG42機槍在
籬田間的效果改觀，允許掩護完
善的一名步兵，在對面的美軍步
兵班明白是什麼武器擊中他們之

←可能是隸屬於第101空降師的美軍部隊行軍穿越卡倫坦，打開通向籬田鄉間的道路，這是第1軍團於6月12日解放的第一座法國主要城鎮，而猶他灘頭和奧瑪哈灘頭也在同一天連結在一起。

前，於一或兩秒鐘之內射光五十發子彈，並安全撤離該地區。緊接而來在聖洛周圍地區與德國傘兵（Fallschrimjäger）的戰鬥中，美軍大兵們也將會碰到FG42，此槍為少數在前線服役的德國半自動步槍之一。

步兵連

平均來說，一個德軍步兵連的戰力有兩名軍官和一百四十名士兵，反之美軍步兵連卻擁有六名軍

官和一百八十七名士兵，使美軍步兵師在步兵數目上稍高於一萬二千人。然而，因為每個班均配備更多的自動武器，德軍步兵師的火力要比美軍或英軍的步兵師還要強大。當砲兵火力與美軍步兵師比起來算是旗鼓相當的時候，德軍步兵師在步兵榴彈砲方面佔了便宜，而在自動武器方面則擁有強大優勢。[8]

空軍野戰師是較老舊的編制，盟軍入侵之前共有二十個部署在諾曼第，它們也經過重新編組，以配

→1943年8月，西線總司令倫德斯特元帥正在視察「大西洋長城」上的掩體，這是計劃中一萬五千座據點當中的一座。雖然官方上來說倫德斯特負責西線所有的防衛，但他對隆美爾的B集團軍的控制只能說是有名無實，且完全無法掌握舉足輕重的各裝甲師。

合人力嚴重吃緊的狀況，另外倫德斯特元帥麾下的靜態、或是「本地」師，則不用進行重編。這些靜態師由三個團組成，每個團有三個營，其力量比起經過重編的師要弱得多，事實上是因為他們缺少基本的偵察營，且只有三個砲兵營。

傘兵師

無疑地，面對盟軍、特別是美軍的最佳步兵單位，就是傘兵部隊，他們由空軍管理，但戰術上接受陸軍指揮。傘兵部隊的實力由一九四四年前的一個軍，成長到一九四四年底推斷大約有十萬人左右。這些部隊是精銳武力，在招募、武器、裝備和訓練等方面被授予和黨衛軍單位平等的地位。

這些在一九四三年末至一九四四年初成立的新傘兵單位是第3、第5師，以及第6傘兵團（來自第2傘兵師）。事實上第3師特別是第6傘兵團將會與美軍在諾曼第的籬田區域中遭遇。根據美國陸軍的行動後報告指出，這些傘兵團是「第一流的戰鬥單位」。

第3傘兵師並未遵照一九四四年式步兵師的編制，仍由三個團組成，每團有三個營，此外還有獨立的迫擊砲、工兵和反戰車連。當第3傘兵師的迫擊砲連開始裝備標準的一〇〇公釐迫擊砲和可怕的一〇五公釐多管火箭發射器（Nebelwerfer）時，師的迫擊砲連已擁有數量相當多的八一公釐和一二〇公釐迫擊砲，而第6傘兵團則有九門一二〇公釐重型迫擊砲；至

↑隆美爾元帥（右三）。隆美爾和倫德斯特間戰略觀點的歧異使早已混亂的德軍西線指揮架構更加複雜。

於砲兵火力，第3傘兵師擁有一個輕型砲兵營（十二門七〇公釐榴彈砲）。雖然在諾曼第登陸之前，這個師奉命以兩個輕型砲兵營和一個中型砲兵營加強其砲兵實力，但盟軍在德軍執行此命令之前就發動攻擊，這些措施因而未能實現。籬田間的戰鬥中，第3傘兵師在戰場上的狹窄範圍內，有效地運用其十二門八八公釐高射砲做為反戰車武器。

第3傘兵師（十五個連）的總人數為一萬七千四百二十名軍官和士兵，而第6傘兵團則有約三千四

百五十七名軍官和士兵，比一般的步兵單位編制要大得多。儘管火力、人手皆不足，第3傘兵師和第6傘兵團卻不只在數量上，在素質上也較為優秀。傘兵部隊缺乏日耳曼人的加入，斯拉夫人（Slav）卻組成許多「本地」單位。事實上，這些精銳傘兵單位成員的平均年齡是十八歲，有著高昂士氣，儘管德國的武運越來越日薄西山，他們卻毫不動搖。

就像武裝黨衛軍的第1警衛旗隊師（Leibstandarte）及第12希特勒青年團師（Hitlerjugend），第3傘兵師和第6傘兵團的武裝比一般的國防軍單位精良許多。這兩個傘兵單位擁有「數量為步兵師下轄步兵連兩倍的輕機槍，每個重兵器連則有十二挺重機槍和和六門中型迫擊砲，這樣的火力也比陸軍單位的重兵器連優越。」[9]傘兵單位的唯一弱點是長期以來的摩托化運輸問題，由於只擁有七十輛各種型號的卡車，傘兵們也深受缺乏機動能力之苦，而此一問題也將阻礙倫德斯特元帥麾下的步兵在籬田戰鬥中有效地封鎖美軍的突破。

裝甲擲彈兵單位

德軍部署在諾曼第的最後一種單位，也是美軍會在籬田間遭遇的，是裝甲擲彈兵、也就是機械化步兵單位。根據美國陸軍的定義，裝甲擲彈兵單位是擁有建制的戰車營、一些裝甲人員運輸車輛、以及部份自走砲的步兵師。在諾曼第登

↓德軍空降部隊的創建者之一：庫特‧司徒登將軍（Kurt Student）於D日前在法國檢閱傘兵部隊。

這些傘兵正在操縱一門經過嚴密偽裝的二〇公釐Flak38高射砲。他們頭戴特有的空降頭盔,身著第二式迷彩跳傘罩衫;雖然從1941年的克里特(Crete)戰役後他們就再也沒有空降進入戰場,但這些受過嚴格訓練的士兵們在整場戰爭中仍保有獨特的制服和裝備。

諾曼第地區典型的德軍步兵，由本圖中明顯可見到他們穿著迷彩制服，配備掘壕工具、MP40衝鋒槍和MG42機槍。

→缺乏砲兵意味著諾曼第的德軍極度依賴迫擊砲和這種武器：41型150公釐口徑火箭發射器，外號「嗚咽的米尼」（Moaning Minnie）。

陸的時候，西線唯一的裝甲擲彈兵師是黨衛軍第17戈茨・馮・貝爾利辛恩裝甲擲彈兵師（Götz von Berlichingen），戰力主要集中在其六個步兵營、一個擁有三十七輛突擊砲（Sturmgeschütz）的戰車營和一個反戰車營，當中一個連裝備九門七五公釐和三門七六・二公釐火砲；黨衛軍第17裝甲擲彈兵師也轄有一個包括六個連的裝甲偵察營和一個高射砲營，配備更令人畏懼的八八公釐高射砲。

數量的問題

諾曼第登陸時，德軍西線總司令部的裝甲戰力包括六個陸軍裝甲師和三個黨衛軍裝甲師。陸軍裝甲師的人員數目從一萬二千七百六十八人（第9裝甲師）至一萬六千四百六十六人（第2裝甲師）不等；黨衛軍的師擁有六個而不是標準的四個步兵營，人員數目則在一萬七千五百九十人（黨衛軍第9裝甲師）至二萬一千三百八十六人（黨衛軍第1裝甲師）之間。雖然人員數目上有如此的變化，但跟美軍的裝甲師比起來，德軍的裝甲師規模比較龐大，但他們的戰車卻比較少。黨衛軍和陸軍的裝甲師均配備裝有七五公釐砲的四號戰車、以及性能一流、裝有致命七五公釐長砲身戰車砲的豹式（Panther）戰車，在裝甲師內還可以發現其他戰車，像是三號戰車（五〇公釐砲）、三號和四號突擊砲（七五公釐砲）。幾乎在任何狀況下，不論是陸軍還是黨衛軍的裝甲師，大部

薰衛軍第101重型戰車營的一輛六號虎式戰車,該營是諾曼第戰役期間三個營當中唯一一個投入虎式戰車的營。

一九四四年五月西線德軍的指揮體系

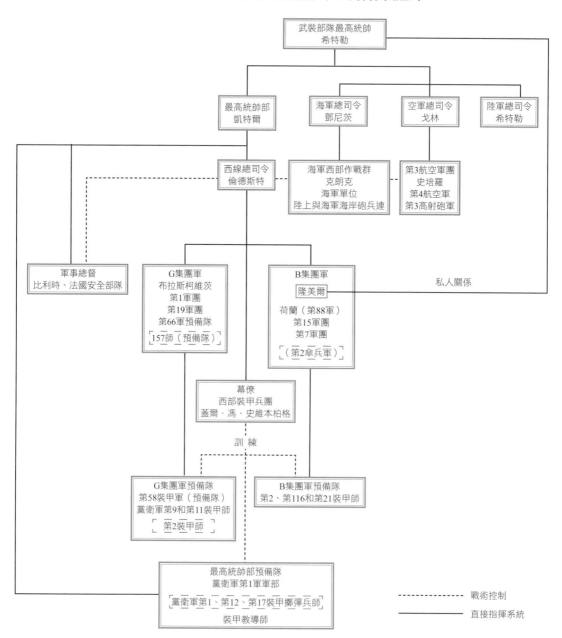

武裝部隊最高統帥
希特勒

最高統帥部
凱特爾

海軍總司令
鄧尼茨

空軍總司令
戈林

陸軍總司令
希特勒

西線總司令
倫德斯特

海軍西部作戰群
克朗克
海軍單位
陸上與海軍海岸砲兵連

第3航空軍團
史培羅
第4航空軍
第3高射砲軍

軍事總督
比利時、法國安全部隊

G集團軍
布拉斯柯維茨
第1軍團
第19軍團
第66軍預備隊
[157師（預備隊）]

B集團軍
隆美爾
荷蘭（第88軍）
第15軍團
第7軍團
[（第2傘兵軍）]

私人關係

幕僚
西部裝甲兵團
蓋爾·馮·史維本柏格

訓 練

G集團軍預備隊
第58裝甲軍（預備隊）
黨衛軍第9和第11裝甲師
[第2裝甲師]

B集團軍預備隊
第2、第116和第21裝甲師

最高統帥部預備隊
黨衛軍第1軍軍部
[黨衛軍第1、第12、第17裝甲擲彈兵師]
裝甲教導師

---------- 戰術控制

———— 直接指揮系統

份都因為東線上的單位耗盡人力與物資而嚴重缺乏人員和裝備。

陸軍裝甲師的組織，除了兩個步兵團（四個營）和一個戰車團之外，還包括一個自走反戰車營（大部份裝備突擊砲）、一個裝甲偵察營、一個牽引式高射砲營和一個砲兵團，下轄一個輕型自走砲營、一個輕型牽引式砲兵營和一個牽引式中型砲兵營，黨衛軍和陸軍師唯一不同之處是只有黨衛軍的師擁有額外的牽引式輕型砲兵營。[10]

如同步兵上將[11]史派德所寫的，「裝甲師從未達到滿編狀態，訓練也尚未完成，缺乏可靠的軍官和物資。雖然他們只有一九四〇及一九四一年裝甲師標準的百分之三十，但是裝甲師的戰鬥潛力比那些一動也不動的步兵師高。」[12]儘管豹式戰車（就算不是第二次世界大戰時最佳戰車，也可以認為是最具威力的戰車之一）和四號戰車的產量略為增加，西線總司令部仍無法克服盟軍的數量優勢，特別是美軍，他們在一九四四年時已擁有完全機械化和摩托化的部隊，一旦突破了灘頭，就能夠迅速前進。

除了在灘頭後方最鄰近地區面對盟軍的部隊以外，還有從頭到尾投入諾曼第戰役、特別是籬田間戰鬥的德軍第7軍團，其戰力為十四個步兵師（靜態與機動）和四個裝甲師。在法國及西部戰區，西線總司令倫德斯特元帥共指揮五十八個師，當中有三十三個師是靜態師或預備師，只能負擔有限的防守任務；剩下的二十五個師之中，有十

三個步兵師、兩個傘兵師、五個陸軍裝甲師、四個黨衛軍裝甲師和一個獨立裝甲師（第21裝甲師），諾曼第登陸的時候，該師正在以俘獲的俄軍武器進行整補。[13]當德國的戰時生產忙於供應東西兩線上的國防軍戰車、火砲和其他基本物資時，盟軍轟炸和亟需接替的裝甲部隊的持續消耗，意味著性能一流的裝甲車輛在西線總司令部轄下的各師直到一九四四年相對來講仍屬稀少，即使這樣，它仍以不穩定的速度進行緩慢補充。

德軍的指揮與管制

如同先前已經提到的，倫德斯特元帥是西線總司令，麾下則有隆美爾元帥和多爾曼上將對戰場上的部隊行使即時的戰術指揮。雖然西線總司令部所有的指揮官們在作戰專業知識方面都累積了可觀的實戰經驗，但妨礙法國境內國防軍行動的是倫德斯特和隆美爾對於如何才能最有效反擊登陸這一問題所持的觀點分歧。早在一九四三年五月，西線的資深陸軍軍官就已承認英美聯軍入侵歐洲大陸無法避免。這當然會對德國陸軍造成全面性的緊繃，但仍有機會可以把戰局扭轉到對德國有利的那一面，希特勒確實是這麼想的。到了一九四三年末，一個嶄新的戰略構想在柏林（Berlin）散播開來，如果能夠在距離法國海岸三十二公里（二十英里）的範圍內遏制並擊敗盟軍入侵，西方盟國的戰爭努力至少會往後推遲兩年，而在這段時間內足以

將帝國所有的資源轉用來擊敗俄國。然而問題還是存在：如何達成這樣的勝利？

鑒於倫德斯特較偏重機動防禦，隆美爾則堅信有必要在登陸部隊建立橋頭堡並向內陸推進之前便加以擊潰；「沙漠之狐」汲取了他在北非面對盟軍物資優勢的經驗，也深信因為空軍無法在法國戰場的上空消滅盟國空軍，所以機動作戰雖然值得嚮往，卻是不可能的任務。隆美爾主張，由於德國陸軍無法像盟軍那樣機動，因此取得防禦戰勝利的唯一機會，就是在事先備

→黨衛軍第101重型戰車營的高級軍官們正在召開野戰會議，最左邊的是戰車王牌米夏埃爾‧魏特曼（Michael Wittmann）。

↑黨衛軍第102重型戰車營的一輛虎式戰車。8月下旬該營在法萊茲附近的戰鬥中幾乎全軍覆沒。

妥的防禦陣地內戰鬥。他聲稱，「大西洋長城」（Atlantic Wall）的碉堡、壕溝和其他人造要塞設施，是德軍唯一可用來抵消盟軍「數量與機動」優勢的手段，但諷刺地是，在美軍向內陸挺進的過程中，籬田間的天然地形反而帶來最大的麻煩。事實上，除了科騰丁半島的地形之外，德國陸軍結合了武器本身和對這類武器戰術運用的優勢，透過從諾曼第海灘一路向後延伸至卡倫坦和聖洛的防禦體系，能夠遲滯布萊德雷將軍麾下部隊進行

原本的大君主作戰中所要求的機動戰。[14]

正當隆美爾以各式各樣的反戰車和反人員防衛措施，特別是地雷，將防線的縱深從海灘向內陸增加到九‧六公里（六英里）時，他以所謂的「抵抗巢穴」形式來組織預備隊。隆美爾元帥主張，藉由「將部隊集中」於要塞化陣地內的做法，在盟軍的空中優勢下，至少可以提供他們某種形式的保護。他深信因為國防軍長期缺乏人員和物資，固定戰線的防禦戰略是諾曼第

柏林最高統帥部作戰廳長約德爾。約德爾主張在諾曼第進行縱深防禦。

→德軍海岸砲兵主宰著
加萊地區的巨砲,但不
幸的是它們的位置錯
誤,因此無法迎擊1944
年6月盟軍遠在南方的
入侵。

地區德軍的唯一可用選項;[15]隆美
爾也相信,由於西線總司令部掌握
的機動預備隊「離主戰場後方太
遠」,以至於無法在入侵部隊累積
力量突破灘頭之前就阻止他們的計
劃中發揮任何用處。他斷言:「戰
鬥部隊和預備隊的部署,應該在那
些保證只要進行最低限度移動,就

可以到達能對抗任何對最可能地點
攻擊的位置上,不論是在低地國
家、在海峽地區、在諾曼第或是不
列塔尼(Brittany)都一樣,此外
也要確保大部份敵軍部隊,不論是
經由海路前來或空降,將會在半路
上就被我方火力殲滅。」[16]

由於國防軍缺乏裝甲車輛和各

型輕重兵器，也沒有充足的人力，隆美爾相信一旦登陸惡夢成真，以固定式要塞為中心的防衛措施提供了最佳、也可能是擊敗盟軍的唯一手段；如同在籬田鄉間爆發的戰鬥所證明的，這位元帥的估計並沒有太離譜。

另一方面，倫德斯特元帥主張彈性、機械化的防禦戰略，認為發動機動鉗形攻勢是對抗盟軍登陸的最佳途徑。在諾曼第登陸的前幾個月，這位西線總司令尋求將負責海岸防禦工作的靜態師摩托化並升級其武裝。在第7軍團防區，倫德斯特在防守不列塔尼海岸的其中四個步兵師（第265、第266、第275、第353步兵師）內組織了機動的戰鬥群，包括步兵、裝甲部隊、砲兵和其他機械化車輛的混合編組，如果盟軍在諾曼第登陸，倫德斯特計劃將這些戰鬥群移動到交戰區之中。

就可用的裝甲師而言，在一九四四年六月初，只有一個裝甲師（第21裝甲師）在諾曼第，而黨衛軍第12裝甲師和裝甲教導師（Lehr）則在約一百公里（六十二英里）遠的內陸中，其他的裝甲單位則在塞納河以北，以抵抗預期中盟軍對加萊的攻擊，這是從英國出發最短的入侵路線；如果局勢還不夠惡劣的話，西線總司令部根本就沒有指揮這些裝甲部隊的權限，它們只由人在柏林的希特勒掌管。當塞納河以南的三個裝甲師將理所當然地回應在他們區域中的任何盟軍攻擊時，接下來的裝甲部隊支援必須要有元首的親自命令才行。

萬一盟軍入侵，除了各單位移動到諾曼第之外，先前毫無動靜的德軍師也已進行動員，然而當入侵行動在六月發生時，這樣的努力才剛開始而已。儘管第7軍團盡一切努力，勉強湊足任何能夠取得的摩托化運輸工具至摩托化部隊的運輸連中，但這樣的努力在一九四四年五月才展開。倫德斯特元帥組織機械化部隊的努力，與隆美爾召集每一位可用人員、並沿著海岸防線部署他們以應付入侵的努力同時進行。事實上，這隻「沙漠之狐」下令在此區域中兩個最重要的交通樞紐聖洛和岡城內外的各單位必須重新編組，以便於在盟軍突擊的第一時間內調動。

希特勒的觀點

至於希特勒，元首本人曾經考慮接受改變，將機動部隊部署在海灘防禦單位的後方。國防軍最高統帥部（Oberkommando der Wehrmacht, OKW）作戰廳長艾爾佛烈德‧約德爾上將（Alfred Jodl）向元首指出，除了三個師以外，所有的單位已經前進到夠遠的地方，可以用砲兵火力轟擊遭到入侵的灘頭，而且由於固定式要塞可能帶來的危險，約德爾認為有必要在後方保留部份衛戍部隊，以對抗可能的空降行動。然而，不顧倫德斯特和約德爾的強烈反對，隆美爾持續將大批可用的部隊轉移至海岸防線；在倫德斯特提出激烈抗議，不准隆美爾再調派更多單位至沿著

1944年夏季的海灘上，這群士兵駐守在「大西洋長城」數千個掩體當中的其中一個裡，但許多這類的靜態單位，是來自東歐、素質低落的東方部隊。

海岸的陣地後，柏林的最高統帥部拒絕隆美爾將大批可用的後備師投入可能會遭到入侵的海灘防線。

防禦理論

因此，隆美爾和倫德斯特間防禦理論的衝突從未得到有利於任何一方的妥善解決，而諾曼第的事件最終壓倒了他們倆。由於無法找出容易接受的解決方案，最終導致在兩人之間尋求妥協，至於取得一致意見的部隊部署方式，雙方都不滿意。事實上，共用的機動預備隊已經被削減至無法集中進行有效逆襲。簡單地說，在隆美爾的靜態、海岸線防禦與一旦盟軍登陸時倫德斯特所想要進行的機動防禦之間無法達成妥協，形同綁架了德軍的戰略，只有打一場防禦戰，正如一旦建立最初的灘頭堡，美軍戰略與作戰計劃就只能被迫在諾曼第的灌木樹籬間戰鬥到底。然而對德軍來說，D日後在籬田中所採取的作戰與戰術準則，事實上要歸因於當地地形的本質，是對隆美爾的靜態、縱深防禦的再次肯定，而非倫德斯特的機動作戰概念：畢竟，對裝甲部隊來說，籬田地形難以穿越，對美軍的裝甲部隊來說也一樣。

做為此一情況的結果，在未能決定性地擴大海岸防禦規模、或是增強裝甲和機動部隊能力的狀況下，德軍的作戰彈性就被削減了。[17]儘管如此，隆美爾元帥的海岸線作戰計畫使守軍有所準備，並對一九四四年六月及七月猶他灘頭以西籬田鄉間的縱深防禦組織有部份影

↑布萊德雷將軍。在諾曼第戰役期間，布萊德雷還是一位三星中將，指揮第1軍團經歷了突擊階段和籬田間的戰鬥；他在8月1日升任第12集團軍司令，第1軍團司令則由克爾特尼‧霍吉斯將軍（Courtney H. Hodges）接任。

響。

然而一九四四年六月六日的登陸行動徹底改變了這一切，西線的德國陸軍面對著剛開始只是涓涓細流、後來則如滾滾洪水般蜂擁進入猶他和奧瑪哈灘頭堡的美軍戰鬥部隊，甚至得為生死存亡而奮戰到底。不過即將在諾曼第籬田鄉下登場的會戰有一部份已經成形了，因為艾森豪將軍希望快速地向內陸推進，就如同一旦上岸並向內陸朝聖洛進軍，布萊德雷中將就意欲進行一場機動戰一樣。事實上，布萊德雷未能預料到籬田鄉野間的後勤和戰術考量，加上德軍強烈抵抗，大部份要歸因於敵軍官兵在易於防守的地形上的主動權和戰鬥能力，使接下來的兩個月成為可能是整場西北歐洲戰役當中最艱困的戰鬥。

第二章
美軍作戰與戰術準則

德軍在諾曼第籬田地區的戰術；美軍步兵師的武器、和他們擊敗德軍在籬牆間的防禦所使用的戰術。

　　於西元一九四四年六月六日展開登陸的美軍各師，旋即發現灌木樹籬將對作戰行動在籬田區域進展的速度產生可觀影響。如同D日之前所有關於大君主作戰的計劃所強調，「應該發展可在籬牆間運用的特殊戰術，並與步兵在小組中通力合作，以發揮良好優勢。」[1]事實上，這裡的戰鬥將對攻方和守方的步兵帶來好處。有鑑於不能以大規模編隊運用裝甲部隊，因此可以憑藉「優勢」在步兵身旁作戰。

　　不過，即使盟國遠征軍最高司令部已經知道鄉間籬田的地形，但卻很少去注意美軍步兵可能會面對的問題，正如一名歷史學家所寫的，「看起來好像是籬牆的不利本質使美軍高級領導人大吃一驚。」[2]事實上，諾曼第登陸過後僅僅兩天，布萊德雷將軍就抱怨籬田區域是「我所見過最糟糕的區域」，其他美軍指揮官也有類似的附和觀點。第7軍軍長「閃電喬」（Lightning Joe）約瑟夫·柯林斯少將（Joseph L. Collins）向布萊德雷評論道，籬田區域的地形「跟我在瓜達康納爾島（Guadalcanal）上的戰鬥所遭遇的一樣壞。」事實

上，儘管在諾曼第登陸之前已經有一些針對法國籬牆的討論，第82空降師師長詹姆士·蓋文准將（James M. Gavin）在籬田區域見到實際地形時也訝異不已。

　　儘管許多美軍單位在英國鄉間各種不同的區域接受訓練，且跟他們會在諾曼第灘頭後遭遇的地形有幾分類似，年輕的軍官們卻也抱持這類觀點。擔任第7軍第83師第329團其中一個連連長的查爾斯·佛森上尉（Charles D. Folsom），表示籬牆「構成了以往從未遭遇的問題」，且在D日前的訓練中也根本沒有納入在籬牆間戰鬥的場景。[3]

　　儘管有些陸軍單位，像是第116和第175步兵團，從一九四二年十月起就已經在英格蘭待命，但針對歐洲大陸的戰鬥訓練根本就不是他們的首要工作，反而是將部隊編組成各師並跨海運來成為主要任務，持續集結足夠的裝備和補給，直到全面入侵成為可能。

　　當這些師在英格蘭立足後，對突擊單位進行兩棲訓練就成為首要任務，而光是美國陸軍的規模就造成其特有的障礙。截至一九四四年五月，已經有超過一百五十萬美軍

←美軍野戰砲兵正在射擊。美國陸軍在參戰時實施了一套新的砲兵準則，也就是以間接火力提供步兵密接支援，並發展出像是圖中的105公釐榴彈砲等新型火砲來達成此一目標。

部隊在英格蘭集結，因此供他們進行訓練的空間太小了，實彈演習特別是一個問題，優先權給了英國陸軍和美軍負責突擊的各師。更要緊的是，直到一九四四年初，M1加倫德（Garand）步槍仍大量短缺，而許多新編成的步兵師在美國就只是使用老式的M1903春田（Springfield）步槍進行訓練。

阻礙美軍從諾曼第海灘向內陸推進的籬牆，慢慢地成為接下來的兩個月中美軍戰鬥人員的頭號敵人，以及對許多士兵來說最不可磨滅的法蘭西回憶。如同美軍部隊發現的，每一道籬牆都是一處潛在的堡壘，德軍可以佈置散兵坑、壕溝或是獨立的戰鬥地窖及掩體；當美軍企圖穿越這塊區域時，德軍在籬牆間的防禦陣地能夠從三個方向加以阻擋，此外他們也廣泛地運用地雷。仲夏時分，籬田上的矮樹叢茂盛無比，是適合藏匿各式各樣殺傷裝置的理想地形，包括木製的「鞋子」地雷和填充軸承滾珠的「S」型地雷，也有很多機會觸動隨地可見的「馬鈴薯搗碎器」M1924棒形手榴彈。

如同在整個六月和七月間發生的一樣，奪佔每一道籬牆不但需要火力，也要有適應即將面對的戰術狀況的能力，這是美軍參戰兩年半之後仍在學習的事。事實上，跟諾曼第登陸本身一樣重要的是，籬牆間的戰鬥揭露出一種在北非、西西里（Sicily）和義大利的戰鬥都未能糾正過來的戰術障礙。美軍士兵在籬田區域的表現，成為美國陸軍

空軍地面部隊操作88公釐砲瞄準目標。雖然被設計為高射砲，但「88砲」對付戰車卻有傳奇性的效果。

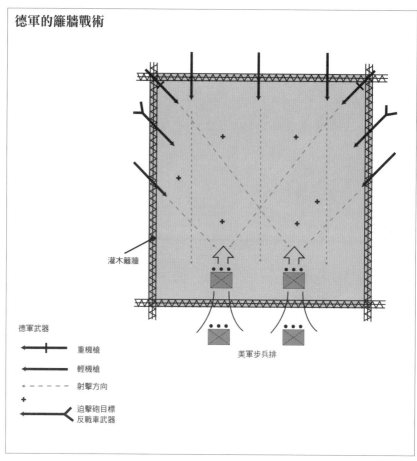

德軍的籬牆戰術

灌木籬牆

德軍武器

重機槍

輕機槍

射擊方向

迫擊砲目標
反戰車武器

美軍步兵排

在D日前未能針對從灘頭堡出發的進軍行動真的於六月六日展開後，將會在法國境內面臨的挑戰進行適當準備的證據。

　　本章將檢討在D日之後，當美軍官兵準備在籬田區域戰鬥時，他們的組織與作戰和戰術準則。

德軍防禦準則

　　儘管有籬牆帶來的諸多問題，但真正的問題、也是一個時常被歷史學家們忽略的問題，就是德軍已經組織了有效的縱深防禦。德軍在猶他和奧瑪哈海灘無法完成的事情，卻在籬田區域辦到了，不但防止美軍戰鬥單位的全面部署，還使第1軍團沒有可從側翼迂迴德軍防禦陣地的空間，因而無法利用在機動方面的優勢，因此反而是德軍逼迫美軍打一場有利於自己的消耗戰，因為他們擁有作戰和戰術層面的優勢。

　　德軍的陣地充分利用籬牆所提供的防衛優點，組成特別設計用來摧毀攻方協同和衝力的有效縱深防禦體系。這道德軍建立的防線由一系列互相連接並清楚劃分的火砲射界組成，由配備各式槍械及輕重兵

装甲部隊駛入籬田。一列美軍縱隊不取地勢較低的道路（圖中央），而是直接衝破樹籬路堤前進；田地中的斑點是德軍散兵坑。

器的小型分遣隊防守。德軍以事先規劃且對準目標，由火砲和戰車防禦的陣地組成「階層帶」強化這些陣地，當中火砲大部份是致命的八八公釐砲，戰車則多屬豹式戰車和突擊砲。簡單地說，籬田內每一塊單獨的範圍都是一座微型堡壘，迫使進攻的美軍步兵必須和一個個的「隔間」戰鬥。

與德軍的步兵師十分相像，美軍的步兵師（一九四四年制）也是以三團三營制為基礎編組而成，在諾曼第登陸的美軍步兵師是以三個團、每團三個營為基礎，這些營也同樣地分成三個連，每個連再劃分為三個排。在一個師之中，最小的單位是步兵班，由十二個人組成，配備M1加倫德半自動步槍、白朗寧自動步槍（Browning Automatic Rifle, BAR）和一支手動槍機M1903春田狙擊步槍。

美軍步兵採用加倫德半自動步槍做為標準武器，使得步兵排在面對德軍步兵的毛瑟98k手動槍機步槍時擁有強大的火力優勢。雖然加倫德半自動步槍重達四‧五公斤（十磅），比起它所取代的M1903春田步槍卻更容易保養，因為少了二十個零件，後座力也低了約百分之四十。然而它在戰鬥中最大的優點是射擊速率，在受過訓練的步兵手中可達每分鐘射擊八十發子彈，這意味著一個十二人的步兵班每分鐘能夠對一個目標發射將近一千發○‧三英吋口徑的彈藥，而且這還是在沒有使用白朗寧自動步槍和其他支援武器的狀況下。

當然，為了達到這種程度的火力，每一名步兵都必須攜帶大量彈藥，除了彈藥帶中的十組八發裝彈夾之外，還至少要在帆布製子彈袋中塞進另外六組，而有些士兵會攜帶兩條這種彈袋。這些重量會被認為妨礙行動，但在先射擊、後移動的狀況中就不是如此了，而步兵們

經常搶先射擊！

　　每一連除了有三個步兵排之外，還有一個兵器排和一個連部小隊組成一個完整的步兵連。每個兵器排擁有兩挺三〇機槍（在籬田的戰鬥當中格外有用），還有兩挺可靠的五〇機槍、三門六〇公釐口徑迫擊砲、三具二‧三六英吋口徑反戰車火箭筒。一個步兵連的官兵總數是六名軍官和一百八十七名士兵。[4]

一九四四年美國陸軍步兵班基本裝備：
十名步槍兵：M1加倫德半自動步槍。
一名步槍兵：白朗寧自動步槍。

←德軍在諾曼第戰場上調動砲兵時需要使用車輛，意味著這類調動只有在夜間才能安全地完成。

↑一組黨衛軍的砲手和他們的75公釐反戰車砲控制著穿越籬田的道路，盟軍戰車是他們的優先目標。

一名狙擊手：M1903春田狙擊步槍（附有榴彈發射器）。

三個連加上一個重兵器連與營部連，組成一個步兵營。重兵器連裝備額外的三〇機槍、六門八一公釐迫擊砲和七具火箭筒；而營部連包括一個反戰車排，配備三門五七公釐口徑反戰車砲、三挺三〇機槍、一挺五〇機槍及八具火箭筒。接著，三個營加上團部連、勤務連、反戰車連、一個步兵砲連（裝備三七公釐砲）和一支衛生隊組成一個團，有六門五七公釐口徑反戰車砲、六門一〇五公釐榴彈砲和三挺五〇機槍支援。

雖然有一系列大量的輕重型步兵武器可供營長、團長和師長們調派使用，不過他們缺乏一種將在籬田區域證明極為有用的決定性武器：戰車。戰車在第二次世界大戰前就被預知為一種支援步兵和擴張戰果的武器，但在步兵師的編制裝備表（table of organization, T/O）內卻無法發現它的存在。為了糾正此一缺陷，陸軍計劃人員從一九四三年開始為每一個師增加一個獨立的戰車營，也就是所謂的總部戰車營。這些營的組織跟標準的美國陸軍戰車營一樣，轄有一個營部連、一個勤務連、三個中型戰車連和一個輕型戰車連。每個戰車排擁有五

輛戰車，通常是兩輛M5斯圖亞特（Stuart）輕型戰車和三輛裝備七六公釐砲的M4雪曼（Sherman）中型戰車。每一個戰車連擁有三個排，以及一個由兩輛戰車組成的連部小隊。一個戰車連人數總計有五名軍官和一百一十六名士兵，以及十七輛M4雪曼戰車。一個輕型戰車連則有五名軍官和九十一名士兵，裝備M5斯圖亞特輕型戰車。[5] 總部戰車營通常會在進攻時支援步兵師；反過來說，為了向某個步兵團的一個營提供火力支援，戰車營會被指派給步兵師的某一個團。

理論上，美國陸軍在第二次世界大戰前的準則認為，美軍步兵應該依照聯合兵種隊伍的方式戰鬥。

在真實的聯合兵種狀況中，步兵營時常在戰車、戰鬥工兵、砲兵、勤務支援和密接空中支援的伴隨下進行攻擊。然而，即使美軍步兵營均衡狀況要好得多，以聯合兵種的觀點來看，籬田區域的戰鬥只暴露出有關聯合兵種的戰場實務，美軍步兵還有多少需要學習的地方。事實上，儘管美國陸軍強調聯合兵種作戰，例如可以在像是《FM-100-5作戰》（*FM-100-5 Operations*）（一九四〇年）這類的準則刊物當中發現其內容提到「沒有單一一個兵種可以贏得勝利」，但事實就是美國陸軍在參與第二次世界大戰的最初幾年間，仍難以理解聯合兵種之間的協同行動，這大部份要歸咎

↓在籬牆間使用迫擊砲對付美軍步兵的優點十分明顯：易於偽裝、迅速射擊、快速機動。

由於諾曼第的盟軍車輛數量龐大，因此德軍從中撈到好處一點也不令人訝異，圖為傘兵們在他們俘獲的英軍偵察車上合影留念。

→1944年7月時，一個傘兵MG42機槍小組冒著敵火射擊，拚命往他們的機槍陣地前進。MG42將槍輕到可以只由兩人操作，但其極高的射速意味著需要定時補充大量彈藥。

於它未能在第一次世界大戰中學到教訓，即聯合兵種部隊在一九一八年對德國的戰敗所做出的貢獻。[6]

聯合兵種

在一九四二年匆忙派遣部隊的時候，陸軍領導人並沒有留心喬治亞州（Georgia）班寧堡（Fort Benning）陸軍參謀總長喬治・馬歇爾將軍（George C. Marshall）提出的警告。他在戰間期是一位聯合兵種作戰的擁護者，而美國陸軍在

籬田區域的早期戰鬥中缺乏的就是巧妙運用聯合兵種隊伍以擊敗敵軍；當美軍部隊被迫為每一道籬牆而戰時，他們必須付出可怕的代價來重新學習，只不過是一年之前在凱塞林隘口（Kasserine Pass）和西里得到的教訓。事實上，鑒於一個德軍步兵連滿編實力約有一百四十人，美軍步兵連多出四十七支步槍可供支配，因此能想見會有更旺盛的火力。雖然就組織上來說，美軍步兵連因為在後勤和航空支援條

→諾曼第的鄉間使德軍步兵和裝甲部隊可以在不被察覺的狀況下四處移動，而當地的石造農舍則成為理想的堡壘。

件等方面擁有壓倒性優勢，而得以縱橫戰場，但當德軍步兵在籬田地形上準備妥善的陣地中戰鬥時，就能夠透過作戰機動性和絕佳的戰術表現來克服物資短缺問題。

美國陸軍原則上強調攻勢，當中包括透過包圍和突穿來克服敵軍防禦。關於包圍，步兵會同時進攻敵軍的後方和側翼，而友軍部隊則發動攻擊，目標為奪取敵軍後方地區；另一方面，主攻部隊為了可維持攻勢以奪取和侵入敵軍的後方地區，突穿的特徵則是「意圖使敵軍的防禦陣地破裂」的猛烈正面突擊。因為美國陸軍的領導高層偏好運用火力和機動力，步兵的訓練從頭到尾強調火力和機動力，在美國和登陸前在英格蘭都一樣。對進攻時的美軍步兵來說，有一句箴言是「維持衝力」，因為這樣一來能降低傷亡的比率，還能將可用的火力發揮至最大程度。

也由於步兵營是美國陸軍中主要的機動單位，因此步兵營內的步兵連和步兵排在達成戰場目標的過程當中是首要角色。基本的陸軍步兵教條強調步兵營藉由「火力和機動力」來達成目標。當步兵營的輕、重支援武器摧毀敵軍陣地時，步兵在一連串的突擊中對敵軍進行機動包圍，靠著各別士兵利用步槍、手榴彈和刺刀擊殺或俘虜他們。

鑒於美國陸軍的準則教範中著重從營級開始以下的火力和機動力，大部份營級規模的攻擊都類似正面突擊，步兵營將沿著寬度從四百五十七至九百一十四公尺（五百至一千碼）的正面（依據地形而定）發動攻擊，由兩個連並列前進，一個連做為預備隊。當兩個攻擊連中的一個向前進攻增強壓力時，另一個連就發動輔助攻擊和火力壓制以提供支援。一般來說若是運用傳統的戰術，步兵連進攻正面的寬度只有一百八十二至四百五十七公尺（二百至五百碼）。歷史學家密契爾・達伯勒（Michael Doubler）寫道：

「在諾曼第的初期幾場會戰中，美軍指揮官們企圖用傳統的攻擊方式徹底消滅德軍。步兵連以兩個步兵排在前並列前進，後面依次跟隨的是第三個排和兵器排。因為德軍的防衛火力涵蓋所有籬牆上的缺口，因此領頭的單位被迫穿越濃密的植被，開出一條通路。當攻擊部隊從籬牆後現身時，他們就發現直接暴露在幾乎是零距離射擊的德軍機槍火網中。美軍官兵使用步槍和自動武器反擊，但這樣的火力不足以壓制德軍。[7]」

即使有了戰車，美軍也發現在籬田區域進展緩慢。與步兵協同作戰的戰車有自己的主要任務，就是摧毀或壓制敵軍，並維持攻擊時的衝力；雖然步兵容易受到自動步槍火力殺傷，但戰車可輕易地作戰，然而卻容易被反戰車砲和反戰車地雷擊毀。此外有一點不能忽略的是，到了一九四四年，德軍採用被稱為鐵拳（Panzerfaust）的無後座力單發反戰車武器，並更廣泛地使用反戰車地雷，因而能夠克服美軍

裝甲部隊縱列，令人印象深刻，這是美軍第79步兵師的戰車營（第749營）在剛被解放的科騰丁半島勒賽市的街道上待命，時間是7月27日。

↑諾曼第前線上的M1加倫德半自動步槍。右邊數來第三個士兵攜帶了一個額外的彈袋，可裝六組彈夾。在熟練的士兵手中，加倫德步槍的射速可達到每分鐘超過八十發。

在裝甲戰鬥車輛方面的數量優勢。

不過，戰車和步兵之間很快地就形成一種十分密切的合作關係，在攻擊期間，不論哪一方都要依賴另一方的能力以壓制敵方火力和陣地。當戰車和步兵一同作戰時，戰車依慣例「抵消」或擊毀敵軍的自動武器和步兵，而步兵就負責清除反戰車地雷或壓制鐵拳這類的反戰車武器；友軍的步兵也會保護戰車不被試圖使用手榴彈或TNT炸藥的敵軍戰鬥工兵炸毀。

步兵和裝甲部隊突擊

在攻擊中，步兵和裝甲部隊排列成兩梯隊作戰，分別由兩者依次輪流領導攻擊行動。一般來說，當地形平坦或上下起伏且沒有反戰車障礙時，就由裝甲部隊在前方開路；另一方面，當地形惡劣或是遇上穩固的敵軍雷區，就由步兵領導攻擊，而後者正是在籬田區域中運用的戰術。當裝甲部隊在前方開路時，第一攻擊梯隊只有戰車，而第二梯隊則由戰車和步兵混合編組。當戰車發揮火力和機動力奪取目標時，步兵就緊緊地跟在後面；當步兵跟隨第二梯隊前進時，戰車就提供壓制性掩護火力。隨著攻擊的進行，戰車和步兵實際上將會從一處陣地「蛙跳」到另一處陣地。在步兵領導攻擊的時候也是完全一樣，

不過在這樣的狀況中，第一波攻擊的步兵會有砲兵火力支援。不管是戰車還是步兵領導攻擊，美軍的戰術旋即進化到兩者結合發展出一支能極為有效捕捉並肅清目標中敵軍部隊的隊伍。

然而，一名排長對籬牆戰鬥的詳細描述，一語道盡了美軍持續穿越一望無際、躲滿配備機槍和自動武器的德軍的籬牆迷宮並進行戰鬥時，所抱持的態度：

「步兵若要穿越籬田區域，只有三條路可以選。他們可以沿著路走，不過這總是會使帶頭的人覺得根本毫無掩蔽（而他們確實毫無掩蔽）。也可以試著穿越籬牆角落的缺口，沿著向前延伸的道路緩緩推近，或是一群人一起快速通過，然後在後頭的田野裡散開來，但這個方法並不受歡迎。首先當你想找個缺口鑽進去的時候，卻經常會找不到缺口，其次德軍比我們早知道哪裡有缺口，通常已經準備好機槍和衝鋒槍歡迎我們，第三種方法是趕

↓M1903春田栓式步槍。這是1917年時美軍步兵的標準武器，但在1936年之後被M1加倫德步槍取代，而M1903步槍仍為訓練用槍及步兵連狙擊步槍。

1942年時，AT M1火箭筒的第一種量產型。這種構造簡單的兩人操作發射器可以發射高爆火箭彈，貫穿七十公釐（三英吋）厚的鋼板。

快沿著散兵線散開，越過籬牆，然後穿越田地，如果沒有籬牆的話，這會是一個還可以的方法。」

「通常如果沒有開出一條路的話，我們就無法穿越樹籬。開一條路當然很花時間，而一挺德軍機槍可以在非常短的時間內射出大量子彈。有時候樹籬本身沒那麼厚，但對步兵來說還是需要花時間，因為他得攀上路堤，然後爬過去，在這段時間內他就變成槍靶子，當他爬過去之後，德軍就會很清楚地知道他在哪裡。總的來說，得第一個爬的人會非常沮喪，看起來走在越後面的人就越輕鬆……當然德軍不會防守每一道籬牆，但只要沒有大步踏進有德軍防守的籬牆中間，就不會有人知道。」

「很難在最需要的時候取得火力優勢。首先，機槍在進攻的時候幾乎沒用，因為機槍唯一的使用方法就是靠在臀部射擊。如果你在開始前進前架好機槍，它們沒有射界，也不能射擊敵人；如果你扛著機槍直到遇上敵軍，把它們架在適當位置的唯一方法還是把它們架在籬牆路堤的頂上，但這樣並不好，因為德軍就躲在下一排籬牆裡，在槍架好之前就逮到你了。無論如何，必須把機槍平放在路堤上，而不是架在三腳架上，就只是一根槍管不穩地靠在上面；另一方面，德軍會在前方的路堤上挖機槍掩體，然後加以偽裝，完全佈置好以掩護各條道路、小徑和其他我們的弟兄必須使用的隘路。」

「火砲是主要的火力支援武器，但有某些障礙。首先，火砲需要前進觀測員從前線校準，但有時候光是知道他們在哪裡都有困難，而樹木屢屢耽擱修正工作，因為它們會遮蔽視野。如果你發現另一道籬牆後面有敵人，他跟你的距離通常還不到一百碼，對砲兵火力來說這樣的距離太近了，特別是因為近彈很可能會炸斷在你這一邊籬牆弟兄們頭頂上的樹木。如果敵軍在你前方隔了兩道以上的籬牆，這樣也不太好，因為穿越就在他前面的最後一道籬牆去逮他的那點延遲，就給了他時間在砲擊停止後伺機而動並給你迎頭痛擊。迫擊砲是有效的武器，只要你知道射什麼、射哪裡就可以，但步兵在穿越最後一道籬牆時仍會耽擱，並暴露行蹤。地形上的小細節對防守的德軍有利。他們可以掘壕固守，設置武器以掩護通道，並為自己準備好地道和有掩蔽的出口。然後當我們的弟兄出現，費力地開路前進時，德軍可以先擊倒帶頭的一兩人，使得其他的人像鴨子一樣蹲在路堤後面，接著便呼叫迫擊砲支援。德軍的迫擊砲非常、非常有效率。當我們的弟兄準備要追擊德軍迫擊砲的時候，德軍迫擊砲小組早已連人帶砲轉移到下一站了。如果我們的人起身追趕，而不是像鴨子一樣縮在路堤後面，德軍的機槍或衝鋒槍就會招呼過來，打掉一些人。對我們步兵來說，用棒球的講法，你可能會把這種狀況稱為外野手的抉擇，沒有人對這個很熱衷。但回到後方，我時常聽見語帶輕蔑和憤怒的批評，

→在訓練中，士兵們組裝好爆破筒。所謂的「爆破筒」只不過就是支架用的管子，裡面塞滿高爆炸藥，但在清除鐵刺網、和之後在諾曼第把籬牆炸出缺口的時候，這種裝備可說是無價之寶。

一九四三時，將會在D日登陸行動中擔任先鋒部隊的美國陸軍遊騎兵（Rangers），正在蘇格蘭用白朗寧自動步槍進行訓練。

『他們為什麼不起身，然後追過去？』」

「戰車也沒有好到哪去。他們有兩種選擇，一是可以沿著道路行駛，但在這個狀況中只有泥巴小路，對戰車來說通常都還太窄，經常比兩旁的路堤低四到六英呎，且一般來說泥巴很深；第四級的公路第一時間看起來還像樣，但只能單向通行，通到鄰近田地的出口也很少。一支裝甲部隊，不論是一個排、或是一個裝甲軍團沿著唯一一條道路攻擊，只能以一輛戰車的正面進攻，其他排成一列跟在後面的戰車都只是路障而已；當第一輛戰車壓到地雷、或是挨上一發八八公釐或七五公釐的砲彈時，它總是會停下來，然後通常會燒起來，有效地堵塞住整條道路，如此一來跟在後面隆隆作響行駛的龐大戰車隊不得不丟臉地停下來，接下來要做的就是試著找出敵軍的火砲或戰車在哪裡，並調來一輛戰車或自己動手射擊。但唯一的麻煩是，很可能只有第一台戰車裡的乘員看見砲口的火光，然後就掛了，試著進入位置並開火射擊的戰車很容易就會被發現，在他們進一步行動之前就被擊中，我曾親眼目睹這樣的事發生。在籬牆間，在前排你幾乎找不到射擊位置，而在後面你怎樣都看不到敵人，就別擔心了。通常這個時候戰車就會等待步兵來幫他們處理這個狀況……」

「除了英勇地沿著道路衝鋒之外，戰車也許會嘗試強行穿越籬牆。這個過程非常緩慢，而且會讓敵人有時間把戰車或火砲調整到最佳位置，然後坐下來等就可以了。在這項解決辦法中，有一個比較次要且局部的問題得先解決，這個問題會激起某種程度的惱怒，那就是誰要走第一個？戰車還是步兵？令人驚訝的是，大部份人在這樣的情況下是多麼的謙遜。」

「任何在籬牆間實際戰鬥過的人都明白，過程充其量必然緩慢，而巧妙防禦的守軍能夠嚴重妨礙比他們強上好幾倍的進攻部隊，並造成慘重損失，這是因為進攻者無法有效發揮火力，也因為無法迅速推進，除非他開到路上，但這樣很快就會在一些適合敵軍伏擊的地點被阻擋下來。」

「還有一些其他因素也會使穿越籬牆的戰鬥變得困難無比。這種地區僅僅是一連串被果樹林封閉的牧草地，就像被籬牆封閉一樣，很少人能夠把田地邊緣以外的地方看得一清二楚。在實際狀況中，很難跟鄰近的班、排或更大的單位保持實質接觸，因為難以確認他們的位置到底在哪裡。不像在開闊的鄉間，射界無法涵蓋兩翼。所有這些都導致控制上的困難，並引發部份小單位的孤立感。所有這一切都意味著前線部隊認為友軍根本就不在旁邊；看不到友軍，或友軍不在旁邊的田地裡，於是他們就留在原處。這種延伸出去的感覺時常會使領先的部隊停止前進，並等待側翼的單位趕上（有時候他們已經在前面了）……德軍在籬牆間的逆襲，大部份因使我們前進緩慢的相同理

→M5斯圖亞特輕型戰車。1944年時，斯圖亞特輕型戰車幾乎可說是過時裝備，但仍可充分勝任偵察任務。

由失敗。任何攻擊都會迅速失去衝力，之後因為我們的砲兵、戰鬥機與轟炸機，德軍將會遭受災難性的慘重損失。事實上，我們發現要痛擊德軍的最好辦法就是讓他們發動逆襲，前提是我們準備好。[8]」

與運用聯合兵種的火力和機動力對付敵軍陣地一致，陸軍準則也強調直接或間接地運用野戰砲兵。在聯合兵種攻擊中，砲兵的角色是壓制敵軍的機槍和迫擊砲、摧毀敵軍固定的防禦陣地，並且在攻擊時防止敵軍有能力維持防禦陣地。戰鬥工兵也會被用在這類的聯合兵種攻擊中，特別是工兵針對固定的堡壘或陣地進行破壞，以摧毀敵軍陣地，或是妨礙敵方撤退或進攻。與聯合兵種隊伍搭配的則是密接空中支援，籬田區域就像其他地方一樣，由於技術和準則問題，指揮官們時常發現就算不是不可能運用有效的密接空中支援，也是相當困難，自從戰爭開始以來，關於整合有效密接空中支援的問題就沒有解決過。

原則上來說，當下至准尉，上至少將的美軍指揮官們試圖找出一個可以影響突破的解決之道時，籬田的戰鬥考驗著他們。由於戰前的手冊和訓練強調「火力和機動力」，也因為籬田本身能夠進行機動的空間有限，美軍指揮官們被迫「一股腦兒」穿越籬田區域挺進，在更有利於守方的地形上，面對德軍準備妥善的防禦陣地進行血腥的正面突擊行動。籬田區域裡戰鬥不僅僅考驗德軍的單兵戰鬥技能，也

考驗美軍士兵克服一連串由人為和自然因素相互糾結而成、幾乎不可穿越的天然堡壘的能力。最後在面對戰鬥時，只得仰賴各別士兵及其創意來打開僵局。

當陸軍的戰前準則無法預見美軍部隊將會在籬田區域中面對的困難時，美軍指揮官們已高估他們自

己D日前的計劃，並低估德軍準備一條完善的防線、封鎖美軍向卡倫坦和聖洛前進的能力。再者，如同近年針對D日戰役的學術研究在此刻所暗示的，對蒙哥馬利元帥和他指揮第21集團軍的批評，也就是針對他進行有條不紊戰前準備的態度，不但不公平且毫無根據。事實上可以想像得到的是，若是布萊德雷中將在進攻灌木樹籬前採用蒙哥馬利元帥的戰前準備，將能拯救更多美軍的性命，也能夠更快地粉碎德軍的防衛措施。只是，隨之而來的卻是類似第一次世界大戰期間各場會戰的血腥消耗戰，而不是大君主計劃人員所設想的機動戰。9

←美國陸軍主要的連支援武器是M1919白朗寧輕機槍，不過也有其他用途，像是如本圖所示架在M5輕型戰車上。

在搭乘運輸機前往攻佔猶他灘頭的出入通道前，第101空降師的傘兵們正進行最後準備。

到了6月8日時，美軍傘兵已經奪得他們的目標，像是猶他灘頭後方的聖馬赫古（St Marcouf），但一直要到經由海運前來的部隊抵達後，才能確保佔領這些目標。

第三章
「灌木樹籬之戰」第一階段

美軍越向內陸推進，德軍防禦越強；指向聖洛的第一波行動；攻佔瑟堡。

甚至早在美軍部隊朝灘頭後方推進前，他們就已遭遇將會成為長達兩個月艱苦考驗的籬牆戰鬥。事實上在D日的拂曉之前，當第82和第101空降師的傘兵突擊目標的時候，就已經籬牆之間和德軍打得你死我活了。第506傘兵團團長羅伯特・辛克上校（Robert F. Sink）肩負攻佔歐東維爾河勒于貝特（Audonville-la-Hubert）、波普維爾河（Pouppeville）以西地區和勒波特（le Port）當地兩座橋樑的任務，以確保登陸部隊從灘頭向內陸推進的通道。就像當晚美軍許多其他空降和滑翔機單位一樣，第506團的傘兵們在空降的過程中相互分散。辛克上校的部隊開始組織某種程度的抵抗，並在科騰丁半島的猶他灘頭後方建立據點。就如同將會在籬田戰鬥中從頭到尾出現的狀況那樣，辛克上校把大部份時間花在試圖重新建立與麾下其他單位的連繫，而灌木樹籬也被證明跟德軍陸軍一樣令人畏懼，不過他們此時正從美軍入侵行動的最初震撼中恢復過來。當辛克上校的傘兵經歷了六月五日至六日的黑夜、沼澤遍佈的地形，沿著濃密茂盛的灌木樹籬奮勇向前推進時，德軍就用步槍、機槍和迫擊砲火力拚命地釘死他們。當美軍部隊開始從佔領的奧瑪哈和猶他灘頭突破後，攻擊卻被來自於灌木樹籬地帶的德軍強硬抵抗所阻，這樣的狀況就不斷地在整塊登陸地區裡裡外外重複上演。

初步交手

事實上，橫跨科騰丁半島地峽的灌木樹籬形成了可能比德軍所能建造的還要令人畏懼的天然防線。不過，布萊德雷將軍和其他美軍指揮官們曾希望不但要徹底殲滅擋在前進路上的德軍各師，也要達成深入法國內陸的大規模突破。對美軍來說不幸的是，籬田區域迫使他們像國防軍一樣來打諾曼第戰役，因為美軍不能像作戰與戰術準則當中呼籲的那樣，對國防軍進行側翼迂迴和包圍。

第一個在籬田區域裡與德軍的戰鬥中遭遇挫敗的美軍單位是第38步兵團，該團被指派攻佔特維葉赫（Trévières）。由於缺乏數量足夠的迫擊砲和機槍，並被德軍部隊的頑強抵抗所阻，在灌木樹籬間爆發的戰鬥緩慢得令人痛苦。奧

←一枚隱藏在籬牆裡的德軍地雷剛爆炸，炸死了美軍巡邏隊的一名士兵。這可能預示德軍將展開攻擊，或只是提醒人們籬田殺戮反覆無常的另一種方式。

河（Aure）被選為該團的攻擊發起線，但該團的第2和第3營在抵達該河前就一頭撞進德軍猛烈的火力當中，進展十分緩慢。當他們試圖前進時，士兵們持續被隱藏在籬牆間難以查明位置的德軍機槍火力釘住，但要以輕型步兵武器壓制德軍火力更是困難。雖然第38步兵團的官兵們得到第38野戰砲兵營提供的精準砲兵火力的直接支援，但德軍卻打死不退。不過大部份要歸功於K連連長歐摩利‧威澤斯上尉（Omery C. Weathers）的努力，他率領麾下弟兄穿過一陣陣德軍機槍火網，不幸壯烈犧牲，因此第3營終究能夠冒著德軍機槍的強大火力橫渡奧河；由於威澤斯上尉在敵火下展現的勇氣和領導才能，他在身後被追贈優異服務十字勳章（Distinguished Service Cross）；而第38步兵團團長瓦爾特‧艾略特上校（Walter A. Elliott）也在敵火下於各營間來回穿梭，督促部隊前進，展現了大膽無畏的一面。到了六月九日至十日間的午夜，除了特維葉赫南面邊上一處據點的一小段邊緣之外，第2營已攻佔了特維葉赫，但第二天早晨士兵們全都累癱了。

　　第38步兵團第1營也被迫在所謂的柯蒙特缺口（Caumont Gap）中賽西森林（Forêt de Cerisy）附近的上利特（Haute-Littee）十字路口，與掘壕固守的德第352步兵師殘部戰鬥到底。就在這裡，第1營的步兵們最後克服了德軍的微弱抵抗，而當敵軍撤退的時候，砲兵

←傘兵們用鉤子勾住飛機上的固定鋼索，準備跳傘。美軍動員超過一萬三千名空降部隊參加大君主作戰，計劃人員估計他們的傷亡率將會接近百分之五十。

第82空降師的士兵們降落在離空投區八公里（五英里）遠的地方。這些在聖馬赫古沿著教堂的邊緣行進，返回他們的部隊。

還轟擊他們的陣地。但即使德軍第352及第716師撤退了,裝甲教導師仍持續進攻朗格耶(Longraye),不過第38步兵團已能穿越朝柯蒙特方向開放的缺口前進。其間,多爾曼上將指揮第3傘兵師主力部隊、以及位在阿弗朗什(Avranches)以東的黨衛軍第37裝甲擲彈兵團,而黨衛軍第17裝甲擲彈兵師的主力則被派往卡倫坦東南方。

接下來的兩個星期,美軍第1步兵師「大紅一」(Big Red One)與裝甲教導師和第3傘兵師的所屬單位激烈戰鬥,而第5軍的其他單位則發動一系列攻擊,打

算協助英軍第7裝甲師(英軍第2軍團的一部)從側翼迂迴岡城的嘗試。第1步兵師的目標是攻佔柯蒙特的高地,第1步兵師師長克雷倫斯‧修伯納少將(Clarence R. Huebner)為了防止裝甲教導師突破該師防線,下令強力遏止其攻擊。受到灌木樹籬的限制,該師的各團得以「躍進」的方式越過該處地形,並準備防衛連續的各條統制線。

軍團地境線兩端的攻擊行動在剛開始時看起來有希望取得迅速且驚人的成功。上午八時,第1步兵師由第18和第26步兵團沿著二千七

↓到了6月8日,在猶他灘頭登陸的部隊已向內陸推進三公里(二英里)遠,不過洪水氾濫的地形和籬田開始拖慢他們的前進。

百四十三公尺（三千碼）的正面出擊，跟在第102騎兵營兩支部隊的屏障之後，面對遭遇的輕裝敵軍部隊抵抗迅速推進。到了晚間，第18步兵團已經進抵柯蒙特至聖洛的高速公路，並派遣巡邏隊進入柯蒙特。同一時間，第26步兵團有一個營已經進到柯蒙特的邊緣，卻遭遇德軍第2裝甲師偵察營約兩個連兵力的堅決抵抗。德軍猛烈地戰鬥，該城直到第二天早晨才被肅清。

同時，第2裝甲師發動了一連串強而有力的逆襲，意圖在卡昂橘（Cahanges）和維萊波卡基（Villers-Bocage）擊敗兩個英軍師（第7裝甲師與第50步兵師）。當美軍第2師的兩個團和第29步兵師遭遇一連串準備妥當的縱深防禦陣地時，被稱為「倫德斯特麾下部隊當中部份素質最佳且最頑強的步兵」的第3傘兵師官兵，以美軍部隊的側翼為目標，發動數次小規模反擊，戰鬥就在下一周間激烈地進行。[1]

六月十三日，第2師與第38步兵團恢復其攻擊，在重砲兵的火力支援下，推進至艾勒（Elle）以南三‧二公里（兩英里）處，然而當美軍部隊於六月十五日在前進幾公里後接獲師部命令停止前進時，敵軍的抵抗卻增強了。在為期兩天的攻勢中，第2師有五百四十人在行動中陣亡，當中大多數的人隸屬於試圖將德軍逐出192號山丘的兩個團。

其間，第29師曾在六月十二日以第115團發動攻擊，第175步兵團

↑美軍一輛履帶式一五五公釐自走砲正在貝優城以南轟擊德軍陣地，這個單位是從奧瑪哈灘頭登陸的。砲管上方的巨大白星是要避免來自盟軍飛機「友善火力」的危險。

佔據艾勒以北的地區，保護軍的西側翼，而第116步兵團仍是預備隊。就如同在籬田間的案例一樣，第115團即使有三個營的砲兵直接支援，卻因為防守的德軍以一波波輕兵器火力徹底擋住攻擊而「吃足苦頭」。在駐守於灌木樹籬間的敵軍部隊阻擋攻擊之前，第3營已成功渡河，並向前挺進了約二千七百四十三公尺（三千碼）（美軍因為害怕被切斷並殲滅而停止前進）。推進過程中，第115團在四個砲兵營長達二十分鐘的猛烈轟擊後，以兩個營的兵力並列前進；在渡過溪流後，I連和K連的一個排設法抵達位於通往聖尚德薩維尼（St-Jean de Savigny）南北向公路以東的點，而該營的剩餘部隊隨即跟上。之後德軍的抵抗增強，第1營就在溪邊被被隨著迫擊砲和反戰車砲射擊猛烈且準確的輕兵器火力阻擋下來，此一狀況使在聖尚德薩維尼以南挺進的第3營兩翼洞開，而

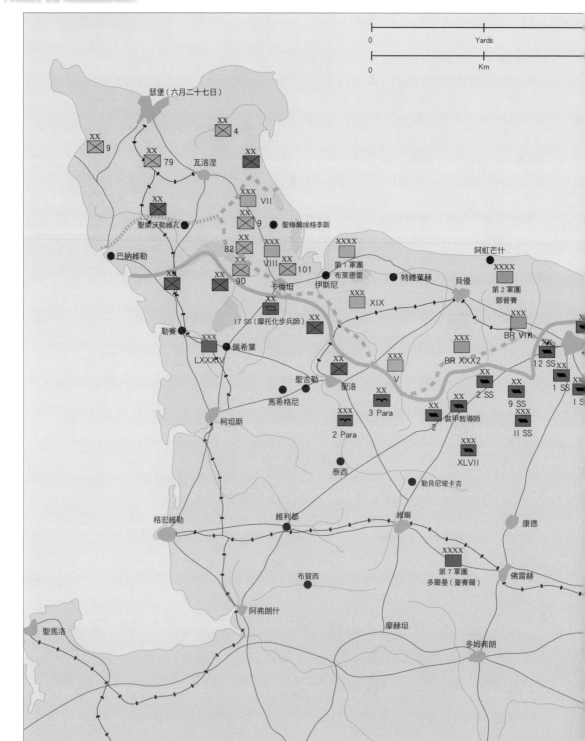

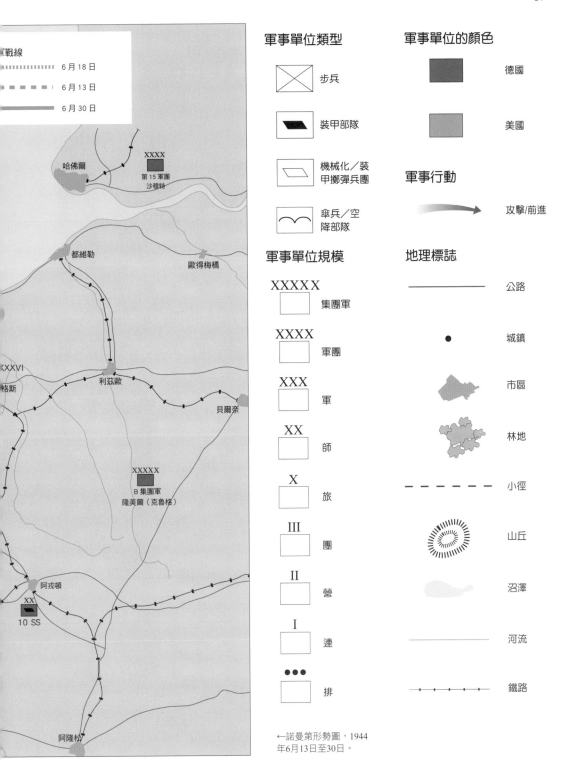

戰線

▪▪▪▪▪▪▪▪▪▪▪　6月18日

▪ ▪ ▪ ▪ ▪ ▪　6月13日

━━━━━　6月30日

哈佛爾　　XXXX　第15軍團　沙穆特

都維勒　　歐得梅橘

XXXVI

格斯　　利茲歐　　貝爾奈

XXXXX　B集團軍　隆美爾（克魯格）

阿戎頓

XX　10 SS

阿隆松

軍事單位類型

	步兵
	裝甲部隊
	機械化／裝甲擲彈兵團
	傘兵／空降部隊

軍事單位規模

XXXXX	集團軍
XXXX	軍團
XXX	軍
XX	師
X	旅
III	團
II	營
I	連
●●●	排

軍事單位的顏色

| | 德國 |
| | 美國 |

軍事行動

| | 攻擊/前進 |

地理標誌

	公路
●	城鎮
	市區
	林地
▬ ▬ ▬ ▬	小徑
	山丘
	沼澤
	河流
─┼─┼─┼─	鐵路

←諾曼第形勢圖，1944年6月13日至30日。

81公釐口徑迫擊砲是重兵器連的基本武器,而籬牆之間的小徑是絕佳的迫擊砲陣地。右下角的空筒是用來裝迫擊砲砲彈的彈筒。

該營在當地也被從無法發現位置的灌木樹籬陣地中射出的機槍火力阻擋。才過沒多久，一列德軍摩托化車隊加上一些裝甲車輛，出現在通往顧凡（Couvains）的公路以北，並在灌木樹籬間向東西兩側散開部署。到了接近中午時，第3營採取守勢進行戰鬥，以避免被切斷，且與師的其餘部隊失去連絡。激烈的戰鬥導致第3營的士兵們彈藥存量降至危險邊緣，更糟的是大部份的人都被敵軍精準的迫擊砲火力、和近距離射擊的反戰車砲和自走砲釘住。中午過後不久，由於戰鬥依然猛烈，I連和K連撤回原來出發的陣地，同時因敵軍猛烈火力而無法即時撤出的第115團各單位，只好

↓7月11日，第38步兵團第2和第3營越過192號山丘進攻，支援的部隊是第23步兵團的兩個營和第116步兵團第3營。

殺出一條血路，穿越德軍陣地，回到原單位。到了下午因為三輛戰車被德軍部隊發射的鐵拳擊毀，支援步兵的兩個戰車排被迫放棄攻擊，不過第115步兵團在砲兵的支援下終於攻克其目標，但也付出了代價。在長達兩天的聖克雷赫蘇赫艾勒（St-Clatr-sur-Elle）爭奪戰中，第29師共有五百四十七人陣亡、負傷和失蹤；事實上，六月十二日至十三日兩軍在艾勒的交戰，象徵著在該地段上爆發的苦戰即將來臨，因為德軍看起來下定決心，要用盡一切手段守住192號山丘。

在整片籬田區域中，這些景象一再重複上演。在另外一個例子當中，當新組建的第19軍第30

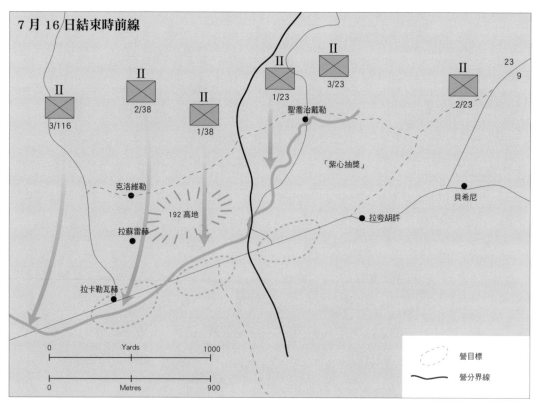

7月16日結束時前線

II
3/116

II
2/38

II
1/38

II
1/23

II
3/23

II
2/23

23
9

聖喬治戴勒

「紫心抽獎」

克洛維勒

貝希尼

192高地

拉夸胡許

拉蘇雷赫

拉卡勒瓦赫

0   Yards   1000

0   Metres   900

營目標

營分界線

師第120步兵團試圖佔領位於聖喬治德伯洪（St-Georges de Bohon）〔卡倫坦西北方四‧八公里（三英里）處〕、勒侯梅達賀廷內（le Hommet d'Arthenay）〔埃貝赫特橋（Pont Hebert）西北方四‧八公里（三英里）處〕及聖洛拉巴赫德塞米利（St-Lô-la Barre de Semilly）之間的高地時，一個有機槍支援的德軍排在該團攻佔蒙特馬提能葛哈尼（Montmartinen-Graignes）前，阻礙攻擊將近一整天的時間，在接踵而來的戰鬥中，第120步兵團蒙受百分之二十的傷亡。在為聖洛打的第一仗後，第29師離該城只有八公里（五英里），但美軍在七月十八日攻陷該城前還進行了將近六周的戰鬥，德軍抵抗力量的增長可以由此一事實看出；此外如同爭奪192號山丘的戰鬥一樣，第2師也只能為山坡上的每一道灌木樹籬而戰，直到七月十一日才攻下該地，這就是德軍抵抗的激烈程度。

↑一輛M5斯圖亞特輕型戰車發現敵人。由於斯圖亞特戰車裝甲薄弱，乘員們把預備履帶掛在砲塔上，並在前方車體堆放沙包以增強防禦力。乘員們顯然對他們的座車沒什麼信心！

↑從他們的制服可以看出來這些人先前是裝甲車輛的乘員。德軍裝甲師全軍覆沒，使得這些人只能試著往東逃跑。

192號山丘的防禦

　　事實上，德軍在192號山丘善加利用了準備妥善的防禦陣地。如同科騰丁半島上其他地方和卡倫坦周邊地區一樣，德軍在這裡運用了機動戰術，包括對美軍因攻擊時加強中央部位兵力而變得薄弱的側翼進行滲透和局部逆襲，以阻擾其進軍。這些戰術與倫德斯特元帥在入侵前擁護的戰法幾乎一模一樣，到目前為止已形成美軍士兵難以克服

佈置好的防禦陣地發揮得最為淋漓盡致；同樣在六月十日，第3傘兵師抵達諾曼第地區，並開始出現在戰場上，美軍部隊之所以能夠得知，是因為他們注意到目前面對的德軍士兵在戰鬥能力等素質方面有顯著提升。

　　隨著六月的腳步緩緩而過，美軍部隊一面戰鬥一面越過一道道灌木樹籬，每天每前進一碼，而不是一哩，德軍的抵抗就隨之持續增強。例如美軍第2師在西元一九四四年六月十六日上午八時以所有三個團的兵力發動攻擊，左右兩翼均有進展，但中央部位就是無法前進，德軍沿著整條戰線，在充分利用縱橫交錯的灌木樹籬區域組成的防衛陣地中，進行了饒富技巧且頑強的抵抗，左翼第9步兵團一個排的經驗便是典型的籬田戰鬥。該排在越過開闊田地時，被佈置在灌木樹籬間的八挺機槍掃射，排長和三分之一的士兵立即陣亡；敵軍透過位於聖日爾曼戴勒（St-Germain-d'Elle）以西高地上的指揮所和觀察哨，一再地讓攻方進抵被輕兵器和機槍毀滅性火力涵蓋的暴露位置。在那天結束後，第9團共折損了一百四十人，其中有二十人在突擊中被擊斃，只有前進數百碼而已。

　　然而還是有一些成功。當天最重要的進展發生在第2師的右翼，第38步兵團第3營推進至離192號山丘山頂六百四十公尺（七百碼）以內之處，不過此次成功的價值，卻被左右兩翼單位無法跟上的狀況局限。位在該師中路的第23步兵團奮

的可怕防禦。事實上，數個德軍單位，主要是黨衛軍第17裝甲擲彈兵師、第30機動旅以及來自第352師的步兵，在稍早的預備隊之後已經集結起來，現正進行堅決的抵抗；在聖克雷賀蘇赫艾勒以北，德軍將

戰了一整天，損失十一名軍官和一百六十二名士兵，直到當天結束時才發現他們實際上還待在攻擊發起線上。不顧該營在192號山丘上的暴露位置，上級決定在適當時機將他們撤出，同時派第2工兵營支援他們，把工兵當步兵用。儘管重新對192號山丘發動攻擊，德軍仍堅守陣地，而第2師就奉第5軍命令改採守勢。

其間，第29步兵師對伯泰勒樹林（Bois du Bretel）和拉布羅特希（la Blotrie）之間高地頂上德軍防守的陣地發動一波攻擊，由查爾斯‧康漢上校（Charles D. Canham）指揮的第116步兵團第

1和第3營的單位採取「躍進」的方式進攻，以抵消灌木樹籬的阻礙。在奪取此目標後，這兩個營進行重編，準備對馬賀廷維爾河嶺（Martinville）的147號與150號山丘發動攻擊。為了這次作戰加入的第29步兵師第115步兵團第3營將向西南方推進，以切斷拉佛薩賀迪耶（la Fossardiere）附近的聖洛－伊斯尼（Isigny）高速公路，並在當地的高地組織四周防禦陣地；在那時與聖克雷賀戴勒（St-Claire-d'Elle）周邊掘壕固守的德軍部隊保持接觸的第116步兵團第2營，之後將脫離接觸，並在顧凡附近地區進行重編，然後越過其他兩個營準備

↓籬田是狙擊手的天堂，子彈隨時都可能從任何方向飛來。從前方地面上的MG42機槍可以清楚地看出這塊地區才剛被美軍拿下不久。

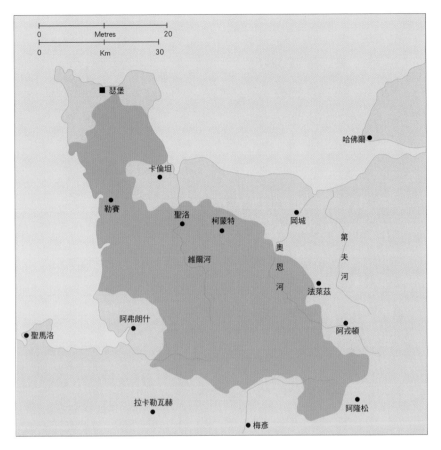

←1944年時諾曼第籬田的範圍。光是從這塊區域的規模就看得出來，入侵行動計劃人員未能明白第1軍團在穿越此區域時可能遭遇的困難，實在令人訝異。

進攻，以拿下115號山丘和拉魯澤赫那（la Luzerne）附近的高速公路路段。

領導攻擊行動的兩個營（康漢上校的第1營和第115團第3營），各有八輛戰車支援。攻擊命令強調須對所有攻佔的目標進行準備，以對抗預期中的敵軍逆襲；少了第3營的第115團則被保留為預備隊，位於斯泰馬赫戈希特戴勒村（Ste-Marguerite-d'Elle）附近。

起初，攻擊行動準時展開，到了當天上午九時三十分，領頭的各營回報進展良好，指揮官們聲稱只遭遇輕微的抵抗；不過大約在中午左右，第115步兵團第3營報告指出遭遇兩個連的德軍和兩輛戰車。到了下午，經過激戰之後，支援第115團的戰車已有兩輛被擊毀，戰事也在勒佛隆（les Foulons）陷入停頓。同一時間，第116步兵團第1營則在南邊遠處，即離聖安德黑德埃平（St-André-de-l'Epine）只有九百一十四公尺（一千碼）距離的地方，被德軍大規模砲擊和逆襲所阻。大約在中午時分投入戰場的第2營朝拉魯澤赫那進攻，就在維利耶佛薩赫得（Villiers-Fossard）附近高速公路的西邊，被在當地高地上突出部掘壕固守的敵軍所阻，

這道長了輪子的樹籬其
實是裝上20公釐四連裝
高射機關砲的德軍裝甲
車。盟軍的空中優勢削
弱了德軍步兵防守離田
時獲致的成功。

支援的砲兵火力無法動搖敵軍。就在這一段時間裡，第115團第3營向後撤退九百一十四公尺（一千碼）；到了十八時，第19軍軍長查爾斯・柯爾雷特少將（Charles H. Corlett）取消攻擊，並命令各營在當夜掘壕固守，等到次日再繼續攻擊。

雖然敵軍位於居高臨下的有利位置，在灌木樹籬中的抵抗也十分頑強，康漢上校卻對他的團所做的努力不甚滿意。事實上，他在當天夜裡強烈要求麾下各指揮官在次日須發揮更大的幹勁進行攻擊。[2]康漢上校特地告知他們「他們的單位應以廣正面前進……然後迴避狙擊手和機槍手，並消滅他們……如果你允許弟兄們成群躲在籬牆後面幾個小時，你只是讓德國佬坐享其成而已。他們會轉進到可能縱射你們的地方，或用砲兵或迫擊砲火力向你轟擊……現在才是擺脫這該死恐慌狀況、給我拚命打的時候。」[3]

當由亞歷山大・喬治中校（Alexander George）指揮右翼位在維爾河（Vire）畔的第175步兵團進攻時，遭遇的抵抗輕微得多。位於艾勒河以北的第1和3營在六月十五日至十六日由第119步兵團的單位接替，並渡河到南岸，佔領一條沿著稜線的發起線。雖然此一行動沒有遇上太大抵抗，但該營在向南推進至阿米（Amy）和勒布托（les Buteaux）兩鎮時，遭到猛烈的步槍、迫擊砲、機槍和砲兵火力襲擊。第175步兵團的迅速前進使柯爾雷特少將誤信該區域的敵軍抵抗已被瓦解，事實上這次的進軍意味著戰事已陷入僵局。

攻擊維利耶佛薩赫得

第116團在六月十七日凌晨四

時恢復攻擊，並立即遭遇猛烈的機槍和迫擊砲火力，狀況最糟的地點是位於第175步兵團迅速推進所造成寬約九百一十四公尺（一千碼）的缺口，在那裡，也就是維利耶佛薩赫得的鄰近區域，敵軍可說是根深柢固，無法動搖。第29師師長查爾斯‧蓋爾哈特少將（Charles H. Gerhardt）事後回憶這塊地區，「真是個鬼地方，每次前進都被趕

↓德軍在諾曼第大量使用37公釐反戰車砲。由於該砲小到以人力便可推動，因此適於穿越樹籬和田地進行機動。

回來。」由於灌木樹籬間的射界和觀察範圍相當有限，因此無法攜帶四・二英吋迫擊砲對付掘壕固守的德軍，一次只能消滅一處敵軍陣地。雖然可以找出德軍火力的來源，但很少能精確標定其方位，因為敵軍在大部份情況下能夠偷偷地撤離他們的陣地。

這就是發生在籬田各處的真實狀況，甚至可以說砲兵火力被證明無效，因為德軍會先以薄弱兵力駐守前進陣地，直到不可避免的、相當於攻擊行動信號的美軍砲兵準備射擊過後，德軍便可以迅速增援這些隱蔽良好的陣地，對抗前進的步兵。這樣的事就發生在第115步兵團上，該團於六月十七日十八時四十分發動攻擊，因為迷路而闖入被

一道巨大灌木樹籬圍繞的果樹林之後，失去了方向，德軍便以重機槍火力不客氣地招呼他們，他們在迫不得已的狀況下只得退回原攻擊發起線。

德軍的損失

不過德軍也在這樣的消耗戰中損兵折將。經過兩天的攻擊後，德軍第352師約有五百人傷亡，並縮減成團級規模的戰鬥群；不過第352師得到第353師柏恩（Boehm）戰鬥群從不列塔尼趕抵當地的增援。柏恩上校是第943團的團長，他親率兩個營的兵力和少數支援部隊騎腳踏車馳援，將其部隊部署在拉魯澤赫那地區。柏恩上校的部隊十七日一整天都在維利耶佛薩赫得

↓75公釐的PAK40反戰車砲射程較遠，因此被部署在射界較大的地方；在這個例子中，這門砲位在開闊的田野上，對準預期中的盟軍裝甲部隊前進路線。

突出部奮戰不懈。德軍在其他地方也有進一步的正面進展，第3傘兵營佔據了陣地，並在戰線上掘壕固守。

　　在第175步兵團的防區中只有第1營進攻。美軍在108號山丘上遭遇猛烈的德軍砲擊，他們以無線電向總部回報無法再繼續挺進；其間第2營報告敵軍發動一波逆襲，看起來目標是準備切斷第一營。當德軍能夠突穿美軍戰線時，第175步兵團向南的攻擊就被有效地制止。

　　六月十八日，也就是美軍第29師發動攻勢的第三天，儘管美軍以八個營的砲兵進行砲擊，仍無法驅逐德軍，德軍接著就以猛烈的迫擊砲、機槍和砲兵火力迎擊前進中的第115團。事實上，德軍已把攻擊

地段變成一個「蜂窩」，有效地封鎖第115及第116團的前進。兩團的傷亡數字不斷攀升，第1營營長報告「他手邊幾乎沒人」可用來進攻，而他的執行官也表示該營已徹底消耗殆盡，每一員都已精疲力竭，指揮人員非死即傷，組織也蕩然無存。

　　第175步兵團也有類似的經驗。雖然其第3營向南朝勒卡立隆（le Carillon）的攻擊沒有遭遇太多抵抗，但對被指派攻佔108號山丘的第1營來說狀況就不是這樣。德軍在六月十八日一整天痛擊第1營，嚴重阻礙其進展，使得第3營不得不轉移過來協助該營的突擊行動。

　　第5軍在六月十八日佔據的地

↑沒有砲塔的突擊砲被設計做為步兵支援和反戰車武器，相當適合在良好掩蔽下進行防衛任務。

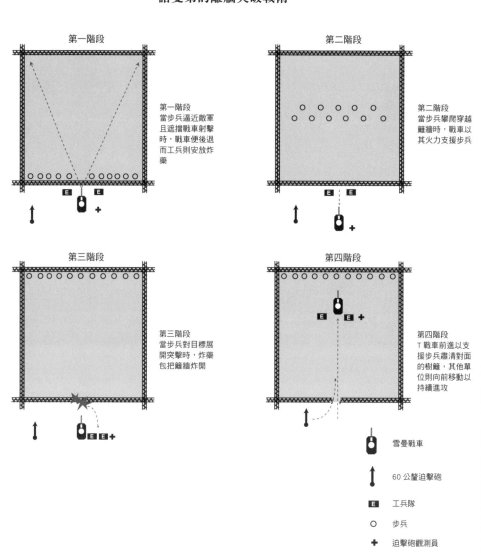

諾曼第的籬牆突破戰術

第一階段

第一階段
當步兵逼近敵軍且遮擋戰車射擊時，戰車便後退而工兵則安放炸藥

第二階段

第二階段
當步兵攀爬穿越籬牆時，戰車以其火力支援步兵

第三階段

第三階段
當步兵對目標展開突擊時，炸藥包把籬牆炸開

第四階段

第四階段
T 戰車前進以支援步兵肅清對面的樹籬，其他單位則向前移動以持續進攻

雪曼戰車

60 公釐迫擊砲

工兵隊

步兵

迫擊砲觀測員

區，接下來足足守了兩個星期。雖然距離關鍵的聖洛市不到八公里（五英里），第29師直到將近一個月之後才得以進入該城，代價則是經歷這場戰爭中幾次最激烈與最致命的戰鬥。如同美軍陸軍官方戰史所描述的，第29師已「預先嚐到即將來臨的苦戰……如同第5軍在灌木樹籬區域陷入的那樣。由於依賴戰步協同隊伍，德軍能夠利用結合了反戰車砲和自動武器、在灌木叢中隱蔽良好的防禦工事有效地對付他們，此一狀況防止美軍指揮官有效協調由戰步協同隊伍領導的突

擊。戰車無法開上前擊毀惹人厭煩的機槍，步兵也無法在前進中擔任矛頭並摧毀反戰車砲，因為這會使他們暴露在致命的敵軍火力中。」為了削弱維利耶佛薩赫得突出部，第747戰車營在六月二十日進行一次目標有限的攻擊，該營在行動後報告中描述了籬牆對德軍防禦陣地的影響。

「清晨六點時，B連向前移動，工兵把灌木樹籬炸出缺口，步兵就緊跟其後。步兵被釘住，戰車就無法更前進，但他們已達成部份目標。由於猛烈的反戰車砲和火箭筒火力，戰車被迫後退，一輛戰車被擊毀，車內五名乘員均負傷，戰車仍試圖前進，但被塞住了，步兵仍被釘死。此時又有另一輛戰車被擊中。奉團長的命令，四輛戰車向目標開火，奪路而出，沒有步兵跟上去。兩輛戰車開了回來，有一輛戰車又被反戰車砲擊毀，最後一輛戰車因為被堵住而動彈不得，乘員們只得放棄戰車，因為沒人幫得了他們。步兵後退了九百碼（八二二公尺），並佔據防禦陣地，戰車掩護了這次撤退。」[4]

當第5軍各單位沿著前線安頓下來，並為了恢復向聖洛的進軍而重新進行編組時，美國陸軍的指揮官們則開始汲取在籬牆戰鬥第一回合中學到的教訓。他們想出的一個解決之道是發展小規模的戰步協同隊伍，以確保能夠一同前進。為了使此方法能夠奏效，陸軍的工兵和技術人員設計了灌木切割器，焊在雪曼戰車前方的車體上，使它們可以衝破曾是一切麻煩來源的土堤開

↓諾曼第區域德軍數量最多的戰車是四號戰車。這輛四號H型戰車裝備一門KwK 75公釐主砲，射程可達三千公尺（三千二百碼）。

路前進；而在這個過程進行時，陸軍的通訊人員則著手處理戰車與步兵間直接通訊的問題。不過更重要的是正當德美兩軍都重新進行編組，以面對眼前即將來臨的戰役時，美軍步兵和戰車乘員們日以繼夜地工作，以使戰步協同戰術臻至完美，將可以讓布萊德雷將軍和麾下各指揮官重新展開指向聖洛的攻勢。

在六月剩下的幾個星期中唯一發生的事，就是由雷歐納德‧格羅准將（Leonard T. Gerow）指揮剛抵達維利耶佛薩赫得的第3裝甲師發動一次有限攻擊，此舉是為了沿著第29師防線消滅一處敵軍陣地，也是為了一旦恢復指向聖洛的攻勢，從而確保一個更有利的「躍出」陣地。此外在六月二十日時，柯林斯第7軍下的第4、第79和第9三個師包圍了瑟堡。第一波攻擊在六月二十二日展開，到了二十三日就突破德軍防禦，這要歸功於第9師從西邊展開的大規模強攻。然而德軍部隊撤入城內的要塞化區域，直到七月一日才投降，那時瑟堡港的港口設施、也曾是盟國遠征軍最高司令部計劃人員設定的主要戰略目標，已被德軍爆破工兵破壞殆盡，以至於完全無法再利用。

瑟堡後的行動

美軍第1軍團拿下主要目標，科騰丁半島上的敵人就被清除了。不過德軍第84軍仍據守著從海岸上的勒賽（Lessay）向東經過佩希葉（Périers）至聖洛的防線，在這條三十五公里（二十二英里）長的正面上，兵力計有六個步兵師、三個裝甲師（包括黨衛軍第2裝甲師）和黨衛軍第17裝甲擲彈兵師。籬田間的戰鬥和攻下瑟堡的需求已花費

←這輛四號戰車砲塔上的裝甲板是被設計用來引爆敵方錐形裝藥砲彈，也被安裝在車身兩旁；前方車體的斑紋圖案是由防磁塗料（Zimmerit）構成，這是一種可遮蓋裝甲磁性的糊狀塗料，可以防止磁性反戰車雷的攻擊。

←有時候，雙方戰鬥距離是如此之近。摩賀坦（Mortain）附近第119步兵團的士兵正同心協力對付敵軍狙擊手。

不少寶貴的時間，原始的大君主作戰計劃要求在D+14日（六月二十日）時從立足地區突破，但現在已經接近D+30日，而軍團仍在離登陸灘頭只有十六公里（十英里）遠的地方戰鬥。

這可以歸咎於布萊德雷麾下的步兵們毫無戰鬥經驗——一次士氣危機——或是指揮官本身缺乏進攻精神，不論如何，海灘上美軍部隊和物資的集結正很快地達到臨界邊緣，單純憑藉著人員和裝備的壓力、還有灘頭有限的可用空間，布萊德雷決心打穿第84軍，進入後方的法國鄉間。

甚至在六月中爆發的戰鬥短暫停頓之前，個別的美軍指揮官就在想方設法處理灌木樹籬帶來的問題。事實上，當戰鬥暫時逐漸停頓的時候，這些方法當中有許多已經被用上了。第29步兵師是美軍陸軍中第一個策劃較新的方法來打通灌木樹籬的部隊。在這個師當中，各層級的指揮官實驗了各種強調戰車與步兵緊密合作的戰術。為了對各指揮層級的軍官迅速地反覆灌輸這些教訓，師部在攻擊前就針對如何衝破籬牆，或避免問題等狀況進行排練。不過必然地，當美軍步兵在籬牆之間盤根錯節的德軍陣地裡戰鬥時，應用了標準的戰前戰步準則，這些反制措施因此未能達成目標。

關於戰步協同隊伍方面，戰車時常大幅超越伴隨的步兵：因為泥土障礙已經被裝置在裝甲車輛前方、包裝於爆破管內的炸藥炸毀，

戰車因而可以通過。在灌木樹籬被炸出缺口後，戰車會全速開進下一塊田地，而當攻擊的步兵跟在後面魚貫穿越缺口時，他們就毫無掩護，德軍的反戰車砲砲手們就以精

準的火力擊毀沒有護衛的戰車，而機槍手也釘死沒有任何掩護的步兵，或是逐個地擊斃他們。

第29師嘗試另一種方法，被稱為火力與機動，這是陸軍在第二次世界大戰前與大戰期間鼓吹的方法，但至今極少實行過。為了打破籬田區域中的僵局，蓋爾哈特少將和助理師長諾曼‧科塔准將（Norman D. Cota）開始打造緊密

↓盟軍前進速度過於緩慢的話，空中打擊通常是一項解決方案。圖為聖洛被轟炸過後的斷垣殘壁，東邊的岡城也遭遇同樣的命運。

這就是大部份籬牆被攻下的過程－衝刺的時候心裡只希望德軍還沒武裝好、準備好、也沒有在田地另一邊守候著。

協同的戰鬥隊伍，與美國海軍陸戰隊在太平洋戰場上用來對付日軍碉堡的隊伍類似。此種由第29師發展的戰術背離一般準則，既不是由戰車，也不是由步兵領導攻擊行動，而是緊密地靠在一起戰鬥，在向敵方逼近的過程中互相保護對方。由蓋爾哈特和科塔兩人構想的解決方案，是在小型的步兵——戰車戰鬥小組中結合火力和機動力，這些小組由一輛戰車、工兵戰車和一個由一挺輕機槍和一門六〇公釐口徑步兵迫擊砲增援的步兵班組成，在小組組成後、進行攻擊之前，由步兵和工兵佔據將被突擊的籬牆對面的籬牆。

這種戰步協同小組的概念性想法，源自於一九四三年二月凱塞林隘口戰敗之後，以及在義大利戰鬥時遭遇的各項問題。事實上，當美軍戰前的《野戰勤務規則》（*Field Service Regulations*）呼籲步兵和戰車須緊密合作時，陸軍的計劃人員對於實施健全合理的戰步協同準則卻幾乎什麼也不做，直到一九四四年六月籬田戰鬥爆發時為止。的確直到籬田裡的戰鬥陷入僵局，陸軍計劃人員才開始正視合理的戰步協同準則的需要，只有當美軍各指揮官在灌木樹籬間面對德軍強硬的抵抗，才有人仔細考慮到戰車在突擊行動中支援步兵的需求。

↓美軍在瑟堡附近地區行動，時間是6月中。美軍步兵營通常配有六門迫擊砲，為重兵器連的一部份。

←在諾曼第，德軍步兵
極度依賴迫擊砲，每個
師有高達二十門120公
釐迫擊砲，和六十門本
圖中的80公釐迫擊砲。

　　理論上，一次對有部隊防守的籬牆的攻擊行動，會由一輛裝備主砲和機槍的雪曼戰車展開。這輛雪曼戰車會將一發白磷彈射入對面籬牆的角落，以摧毀德軍的重機槍陣地；接著戰車乘員有條不紊地用機槍沿著敵方籬牆的基部掃射，而六〇公釐口徑迫擊砲就將砲彈吊射進德軍陣地正後方的田地裡。當雪曼戰車的機槍開火射擊時，步兵就進攻；步兵班越過籬牆，運用標準的射擊與移動方式列隊前進，橫越開闊的田地。步兵要遠離他們兩翼上的籬牆，以避免敵方火力擦身而

除了拖曳式火箭發射器
之外，國防軍也將火箭
發射器安裝在車輛上，
就像圖中這輛一樣。

過。雪曼戰車要持續支撐攻擊，直到步兵的前進遮蔽戰車的機槍火力為止。當逼近德軍陣地時，美軍步兵將手榴彈擲過籬牆，以炸死籬牆另一側的德國守軍，或以此來混淆他們的視聽；雪曼戰車同時從射擊位置向後退，工兵們就在雪曼戰車上管狀裝置挖出的洞中安置炸藥。當炸藥把籬牆炸開一個大洞後，雪曼戰車就立即前進，為步兵班提供密接支援，然後戰車乘員和步兵就把任何殘存的守軍逐出籬牆，並為持續攻擊做準備，工兵小隊與迫擊砲砲手、機槍手則離開原地前進，以支援下一次突擊行動。[5]

戰步協同

　　另一個美軍指揮官們用來克服籬田的方法是改善戰步協同。儘管絕大部份雪曼戰車都在車體後方和車內安裝了電話，此種步兵和戰車的通訊方式會使與戰車乘員通話的步兵暴露於敵軍機槍或輕兵器火網之中，有一種解決方案就是把電話線加長，使步兵可以待在較安全的位置與戰車乘員通話，然而問題又再一次出現，電話線有時候會被戰車履帶絞斷、扯斷或是突然斷掉。陸軍通訊人員解決此一問題的方法是在一個空的彈藥箱內安裝戰車用對講機，然後將此彈藥箱安置在雪曼戰車車體後方；如果要跟戰車內的乘員通話，步兵只要將無線電聽筒插頭插入彈藥箱中，就可以從安全的位置發話，以避免被敵軍火力直接射擊。到了七月中旬，正當布萊德雷將軍準備從諾曼第突破時，

→突破籬牆的可靠方式就是使用戰車。一輛安裝「犀牛」犁鏟的斯圖亞特輕型戰車正跟隨在步兵後方穿越籬牆。

→當然有許多戰車無法
抵達另一邊的籬牆。這
輛M4雪曼戰車在德軍
逆襲中被砲火命中,且
看起來像是被洗劫過一
般。

第1軍團當中有許多師已採用這種
方法進行戰車和步兵間的通訊。

　　有些戰車乘員也會安裝步兵無
線電組、或取得額外的手持式無線
電供步兵使用。戰術上,美軍步兵
指揮官使用的另一種方法是搭乘戰
車,然後透過手持式步兵無線電組

指揮所屬單位進行攻擊。藉由這樣
的指揮和管制方式,指揮官可以在
突擊行動中同步控制並協調戰步小
組。

　　步兵和戰車乘員之間也發展出
一套運用廣泛的手持信號和標準作
業程序,以改進戰車和步兵間的協

火。

在所有被設計用來打破籬田僵局的裝置當中，沒有哪一種像第2裝甲師第102騎兵偵察營的柯蒂斯‧卡林中士（Curtis G. Culin）所發展的那樣知名且被大肆宣傳。他聽進一項建議，美軍大兵需要的是一種「可以像牙齒一樣咬斷籬牆」的東西，於是就用廢棄的德軍鋼製海灘障礙物設計出一種裝置，然後把它們製作成一具切割器。布萊德雷將軍在一次成功的野戰測試中親眼目睹一輛安裝卡林切割器的雪曼戰車輕易穿越一道籬牆後，便下令製造並安裝這款籬牆切割器，越多越好。在集中各師所有可用的焊工和焊接設備、以及來自德軍海灘防禦工事的廢棄金屬後，第1軍團的焊接小組才能在從籬田區域突破，並向聖洛長驅直入之前，向美軍野戰指揮官們供應超過五百具的籬牆切割器而安裝此種切割器的戰車被稱為「犀牛戰車」。[6]艾森豪將軍在回憶錄中特別提到，當美國大兵得知德國的鋼材和他們的防禦工事即將被用來對付先前的主人時，全都「雀躍不已」！[7]

破壞樹籬

第747營的戰車乘員們也想出屬於他們自己的對付灌木樹籬妙方。除了在戰車上裝備類似爆破管的管子，用來在籬牆上打出兩個洞之外，戰鬥工兵會把兩個裝有TNT炸藥的一〇五公釐砲彈彈殼安置在洞中，然後點燃它們。

不過這個方法有個缺點，因為

調。因為每一種兵科都使用不同的信號，於是戰步小組發明表示「開火」、「停火」以及指出敵人位置的信號。部隊被指定攜帶裝備曳光彈的步槍，用來標定目標，而排長和班長則攜帶煙霧手榴彈或照明彈，用來指示戰車應向何處瞄準開

↑這個MG42機槍小組穿著黨衛軍裝甲部隊迷彩制服，所以他們很可能是黨衛軍其中一個裝甲師的裝甲擲彈兵連官兵。

裝備了這種裝置的雪曼戰車一出現，就等於暗示德軍即將遭到攻擊，因而給了他們時間協調火力火力對付帶來麻煩的戰車。查爾斯‧葛林中尉（Charles B. Green）為了反制此一狀況，於是想出一個方法，把火車鐵軌焊接在雪曼戰車的前方車體上，使它們可以在最茂盛的灌木樹籬中開路前進。陸軍戰鬥工兵也發展出一套辦法，他們在沙袋裡裝滿炸藥，然後安放在路堤下方，一旦引爆，就會把灌木樹籬炸開一個相當大的洞，允許戰車和伴隨的步兵一起通過。

砲兵前進觀測員

為了協助同樣在提供步兵和戰車密接砲火支援時感到挫折的砲兵，每個連都有一個步兵排被分派到一位砲兵前進觀測員，而戰車指揮官方面每一位連長也會被分配到一位〔缺乏前進觀測員（Forward Observers, FOs）的狀況將使每個師更加依賴所擁有的十架連絡任務用輕型飛機進行空中觀測任務〕。被分派至每個連的前進觀測員因而可以更方便地觀測，在需要的時候呼叫砲兵射擊德軍陣地，因為他們的無線電可以直接和支援砲兵營的射擊指揮所通話。由於盟軍的空中優勢，他們可能接連好幾個小時無所事事，前進觀測員就「呼叫火力打擊敵軍前進陣地和敵軍後方地區的有利目標，並校正彈幕以支援美軍的地面攻擊。」[8]輕型的L-4風笛小子式（Piper Cub）飛

機、和時常被美軍士兵稱為「捕鳥獵犬」的史汀生（Stinson）哨兵式（Sentinel）飛機也扮演了它們的角色，為密接空中支援任務辨識目標，以支援飛在上空的戰鬥機和轟炸機（如果天氣許可的話）。總結來說，空中前進觀測員在諾曼第進行了大部份對觀測目標的射擊任務，且都能取得絕佳的成果。

不過在最後，「破壞籬田」的任務將會依賴多兵種協同小組的發展及效率，以使戰車乘員和步兵能夠發揚火力，施加在敵人身上。由於大君主和海王星（Neptune）計劃（D日的兩棲階段）已吸引了倫敦的計劃人員大部份注意力，他們對於將會在灘頭堡後方爆發的戰鬥就沒有給予多少思考或準備空間。

因為灌木樹籬從猶他灘頭向北延伸，經過柯坦斯（Coutances）直到瑟堡港，覆蓋了科騰丁半島將近百分之九十五的面積，此一在最初登陸後被證明是消耗戰所暴露的訓練缺失顯得更重要。正當越來越多的人員為了向法國內陸推進，從英格蘭的各基地傾注至海岸上時，布萊德雷將軍和手下的軍官對於地形的困難複雜深感訝異，被迫迅速重新評估時間表。

隨著戰鬥在接近六月底時短暫平息，美軍各師像是第29師開始實驗可以衝破籬牆，並持續向聖洛及其後方區域進攻的戰術，這些練習最終對美軍第1軍團從諾曼第突破做出了貢獻。

在一九四四年六月二十四日一次測試新式「籬牆破壞」戰術的大規模演習中，第29師的士兵們進行了一次全力進攻的演練，他們在過程中試驗一種從先前學到的教訓中發展的新式突擊戰術；數星期之後，當第1軍團恢復指向聖洛的攻勢時，美國大兵們發現他們獲益良多，最後突破了德軍第7軍團的防線。

在第29師的演練中，蓋爾哈特將軍尋求測試新戰術的效果，他發現藉由運用現有的器材，可以穿透灌木樹籬間的德軍陣地。在曾練習的新式突擊戰術中，有一部份是運用由一個步兵排、一個戰車排和三個共同作業以突破土堤的工兵小組所組成的強化戰鬥突擊小隊，如同陸軍官方戰史在談及諾曼第戰役時所強調的，通往勝利之鑰就藏在灌木樹籬當中。事實上到現在為止，美軍地面攻擊最顯而易見的弱點就是戰步協同小組，許多步兵指揮官們不了解如何適當地運用戰車支援，而許多戰車指揮官們則不明白如何對伴隨的步兵提供最佳的協助。如同先前提到的，所有這些做為美國陸軍在第一次世界大戰期間學到最重要的教訓之一，也就是聯合兵種協同攻擊的出現，都曾在戰間期期間於喬治亞州班寧堡的步兵學校以及堪薩斯州（Kansas）利文渥斯堡（Fort Leavenworth）的指參學院被寫下並講授。事實上，如同戰前一份美國陸軍作戰評估中的結論所言，不過在戰鬥實際開始時卻被大半忽略了：「作戰程序、還有步兵與密接支援戰車間戰鬥技巧的發展，一定不能遺忘，直到抵達

並不是所有的戰鬥都在田野裡進行。在德軍為了防衛瑟堡而發動的逆襲過後，瓦洛涅鎮（Valognes）幾乎被夷為平地。

←當美軍步兵清出一條通往瑟堡這座重要大西洋港口市中心的路時，從胡勒堡（Fort du Roule）砲台遠眺瑟堡的景象。

交戰地區為止。」[9]布萊德雷將軍和其他美軍指揮官們旋即發現步兵師與獨立戰車營已接受了無效的訓練，而沒有承認的是此一情況之所以存在，要歸咎陸軍的《野戰勤務規則》，且在第二次世界大戰之前的三團三營制步兵師組織中，則是忽略把戰車營納入編制裝備表。

步兵武器

　　至於步兵本身，他們學到的最重要教訓之一，就是在突擊時無法「夠迅速」地使用他們的〇‧三吋口徑機槍提供密接支援，不過步兵卻發現白朗寧自動步槍提供了最佳的支援，因為白朗寧自動步槍夠輕便，可以從攻擊開始至終跟著移動，且其彈幕足以壓制敵軍的機槍或輕兵器火力。對迫擊砲砲手來說，他們發現可以利用雪曼戰車的車體後部做為觀測平台，以校正彈著至德軍陣地；他們也學到將煙霧彈發射至德軍的觀測哨前，如此可以在最大的程度上保護步兵。最重要的是，步兵和戰車的指揮官現在都強調要更努力協調，以使突擊的步兵獲得更完善的保護。而最後一個學到的教訓則是避免沿著軸線的縱射火力，在過去就因為這樣，多少的班和排過於頻繁地被德軍於美軍攻擊之前預先設置在田地各個角落的自動火力釘死；為了避免此種致命火力的襲擊，第29師助理師長科塔准將引進了一套新程序，步兵藉此可以越過有樹籬圍繞的田地的空曠中央地帶前進，而不是沿著軸線籬牆推進。事實上，科塔將軍的

↑第1軍團於7月11日攻佔瑟堡。胡勒堡周圍的斷垣殘壁和雙方戰死士兵的屍體,顯示勝利並非垂手可得。

新戰術在七月十一日開始進行測試,一次局部攻擊將以小組在廣正面上作戰的方式呈現,每塊田地都被分配到一個步兵班和一輛戰車,而每一個步兵排都會被分派到一個攜帶炸藥的戰鬥工兵班,可用來突破僵局。

地面上的問題

一名在壕溝中掩蔽的步兵排長、和一名蓋上艙蓋的戰車車長之間現場協調的難度若頻頻受到抱怨,將會妨礙戰車乘員和步兵間的關係。因為戰場上的雜音和戰車引擎的噪音,口頭指揮有可能不會被聽到,手勢信號、或是預先安排的煙霧信號和煙火裝置就得發揮作用。引導戰車的步兵有時得在前方現身、有時竟然得跳上跳下以吸引戰車乘員們的注意力,最後一名戰車兵就會小心翼翼地把頭伸出去以取得訊息。因為戰車和步兵的無線電以不同的頻道和頻率操作,師的通信連就在戰車內安裝步兵用的無線電,可接通步兵使用的無線電通信網;通信人員也安裝了與戰車內部通話裝置連線的麥克風或電話,最終解決了步兵和戰車兵間的通訊問題,不過這是一個既緩慢又痛苦的學習過程。10

當步兵和戰車兵在六月的最後一周解決問題時,戰鬥工兵在布萊德雷將軍展開向聖洛——柯坦斯的推進前改良了爆破程序,以便在籬

牆或土堤上炸出如同戰車般大小的缺口，他們也練習組合便橋和浮橋，用來渡過河流和水道。

　　美軍指揮官們為整備旗下人馬所做的最後一項努力，就是採用更具攻擊性的戰術。如同布萊德雷將軍和其他人在整個六月的戰鬥中發現的，無論德軍在什麼時候開火，美軍部隊傾向「聚在一起」或是迅速趴下，從而使攻擊停頓；此一各種錯誤的結合不可避免地導致更多傷亡，因為如此一來美軍大兵使自己淪為敵軍狙擊手的目標，也使得德軍有時間撤退或是派出援軍。一名美軍排長回憶起，在某一次對一道籬牆的攻擊中，當一名德軍狙擊手擊斃一名朝著疑似敵軍陣地前進的士兵後，那個班剩下的士兵全都

馬上趴到地上，不知道狙擊手在什麼位置，也不清楚子彈是從哪個方向射出來，接著狙擊手就繼續一個接一個地解決其餘士兵。由於對這類的意外事件念念不忘，美軍指揮官們試圖將若想存活下來的最好方式就是持續向前進攻這樣的想法灌輸給部下，多少獲得了成功。

　　第94師第376步兵團K連一排成員一等兵雷昂・史丹迪佛（Leon C. Standifer）回憶起，這樣的立場並不是在暗示美國大兵並非不害怕：

　　「我一直在盤算著各種選項。如果我轉身走回去，槍手就會開火，側翼迂迴也不可能。『是啊，我雖然行過死蔭的幽谷，也不怕遭害。』我的肌肉緊繃，雙手直冒

←到了7月，科騰丁半島上部份地區仍有德軍抵抗。圖中央的是M9A1型槍榴彈。

汗，感覺快要抓不住步槍了，我把保險打開，並直直地朝那挺機槍走去，既大膽又具攻擊性，但也十分小心……我在距離三十碼的地方停下腳步。」

「槍手會在離這裡十碼左右的地方開火。我什麼也沒看見。敵軍步兵都躲在哪裡呢？在小屋的旁邊完全沒有掩護。我想……步兵會沿著那道籬牆展開。『雷昂，動作快點。』」

「班上弟兄正在看著。我彎下身，把步槍提到腰上，摒除心中一切雜念，靠直覺行動，對著發出任何聲音或有任何動靜的地方開火，不管是什麼地方……二十碼。他在這樣的距離不會失手，我可能會中彈。我在離小屋十碼遠的地方停住，從洞裡看過去什麼也沒有，也許這裡根本就沒有敵人。我走到屋前，把門打開，只看到幾樣工具。我撥了一下頭髮，向巡邏隊打暗號。什麼也沒發生，但為了要像童子軍那樣求生存，得心懷恐懼。[11]」

就一九四四年六月二十四日舉行的演習而言，在小組內作業的步兵、戰車和工兵隊伍間的協調，已經小心翼翼地演練過了。在對付德軍陣地的過程中，步兵期待戰車運用它們的火力給予更多幫助；但讓戰車（和步兵）穿越土堤的問題仍然存在，速度要夠快，才能在穿越一連串無止境的田地時持續支援。幾乎不可能沿著公路和小道前進，因為德軍部隊配備了反戰車砲和鐵拳，巧妙地躲在適當位置，準備對付美軍戰車。從一九四四年六月最後一周開始到七月第一周結束時演練的戰術中，步兵們將奪佔面對攻

↓被擊敗的敵軍。被俘虜的瑟堡衛戍部隊成員包括陸軍和空軍的地面部隊。

擊軸線的籬牆，一輛戰車稍後將向前朝著工兵想要炸開缺口的地方行駛。衝進籬牆後，裝上鋼製切割刀片的「犀牛」戰車就會用力地把兩根鋼條插進土裡，並同時用機槍掃射前方的田地和籬牆；當鋼條從土堤裡抽出來時，兩名在一旁待命的工兵就趕緊上前，把準備好的炸藥包塞進戰車戳出來的洞裡，連上底火，點燃引信，「然後快跑」，一名戰鬥工兵回憶到。

在突擊行動中，M-29「鼬鼠」（Weasel）會攜帶額外的TNT炸藥，緊緊地跟在後面，這是一款優秀的兩棲載具，用來運輸額外的裝備和人員，越過沼澤地帶或不平坦的地形。事實上，工兵們可能承擔了整個突擊小組所有成員中最危險也最艱鉅的任務，不只是要攜帶炸藥，還得引爆它們，即使在最順利的狀況下都不是一個值得羨慕的任務。顯然隨之而來的事實是，他們必須專注在手頭的工作上，不能去擔心敵軍步兵，因此工兵得依賴戰車和步兵的火力保護。

不過在常見的案例中，由於沒有戰車伴隨進攻，在爆破一道籬牆之前如果想知道裡面有沒有德軍駐守的話，唯一的方法就是從正面的位置慢慢靠近，幾乎完全沒有掩護。前面我們提到的一等兵史丹迪佛回憶起一次這樣的情況，當他的班正在掃蕩小城希爾歌特（Hirgoat）的時候，他們踏入好幾道灌木樹籬之間：「巡邏隊沿著第一道籬牆排列。我爬過去，然後朝三十碼外的下一道籬牆前進，籬

牆頂上整個長滿了雜草。任何一個點都可能藏了挺機槍，但藏在中間最好，兩邊再各擺一個步槍兵。我走過那塊田地，就如同我在河谷裡那樣走，沒有遭到射擊就抵達那道籬牆。我爬上一個沒有障礙的位置探頭看，籬牆的另一邊什麼人也沒有。然後我再向下一道籬牆望去，它已經被轟出一個洞，我看見籬牆後面有動靜。」[12]

幸運的是，如同一等兵史丹佛提到的，在那道灌木樹籬當中的德軍是一支過沒多久就撤出的巡邏隊的一部份，他們沒發現他，也沒發現他的隊伍。事實上，德軍沒有注意到美軍，他們一直在和同袍說話，一邊佈置機槍陣地，陣地兩翼各有一支步槍保護，完全就如史丹迪佛預料的一樣。

總結

到了七月初，那些從奧瑪哈和猶他灘頭登陸，以及接下來在瑟堡和聖洛外圍地區的戰鬥中存活下來的美軍們，對即將到來的突破籬田戰鬥完全沒有任何幻想，由蓋爾哈特和科塔導入的戰術成為頑強的德國陸軍日益採取守勢的證據。如同聖洛之戰證明的，美軍在克服地形這點上還有很長一段路要走，而現在得到傘兵和突擊部隊加強的德軍決心實現阿道夫·希特勒（Adolf Hitler）的消耗戰略，「直到最後一人」。

正當第29師準備恢復聖洛攻勢時，科塔的新戰術的成效也將接受嚴厲考驗。

第四章
「灌木樹籬之戰」第二階段

德軍為防衛聖洛所做的部署；美軍第1軍團從瑟堡和聖洛以東向南進攻，但面臨更嚴重的消耗戰。

　　正當第5軍準備向內陸朝聖洛和柯坦斯推進時，布萊德雷將軍概略擬出了作戰計劃，以突破諾曼第的立足地區，深入聖洛後方的法國內陸。美軍第1軍團面對逐漸增強的抵抗，以及從七月四日開始繼倫德斯特之後的君特‧馮‧克魯格元帥（Guenther von Kluge）所指揮的德軍增援諾曼第防線，[1]準備進入籬田區域的中心地帶，強行突破。而當越來越多美軍部隊抵達法國，且第1軍團控制的地區還不夠大到允許喬治‧巴頓將軍（George S. Patton）指揮的第3軍團活動時，突破的需求就變得愈發急迫。

　　對一般的美軍步兵來說，這意味著還是一成不變：堅定不移的德國守軍佔據一排又一排的灌木樹籬，他們下定決心寸土必爭，以防止美軍越過不僅充斥著泥土堡壘、還有田地因為一場在七月初美軍攻擊展開時降下的大雨而變成的沼澤遍佈地形，向德國邊界推進。

灌木樹籬之戰：西元一九四四年七月

　　根據布萊德雷將軍所言，一旦拿下瑟堡港，「將以突破做為開端的盟軍攻勢，其前進之路就暢通無阻了。本次突破立足地區進攻的基礎戰略已被寫入大君主計劃當中，法國將分階段獲得解放，而我們正站在第一道門檻前：從諾曼第的茂盛牧草地迅速推進至塞納河的寂靜河岸。」[2]

　　將要達成此一突破任務的部隊，分別是特洛伊‧密多頓少將（Troy H. Middleton）的第8軍，以及柯林斯少將的第7軍，這兩支部隊面對堅決的對手已有數周之久。布萊德雷將軍第1軍團的首批目標，就是奪取聖洛和其至關重要的公路樞紐，之後轉向東方，朝塞納河挺進，而解放巴黎（Paris）就成為美國陸軍在西北歐第一次大規模攻勢的主要目標。

　　如同布萊德雷將軍承認的，這不是一項簡單的任務，因為任何可以發動機動戰的機會都將需要第1軍團強行突破，而不僅僅只是把德軍推到一邊。布萊德雷承認，只有突破可以「使我們一股作氣闖入敵軍後方，在那裡我們能憑著最有利的條件打一場機動戰；只要敵軍把我們局限在逼迫我們一命抵一命的諾曼第籬田區域，他就能夠強迫我

←美軍第1軍團工兵連的工兵們正在整備一處榴彈砲射擊陣地。步兵營的火力支援由擁有六門榴彈砲的砲兵連負責，而旅和軍的層級也有各自的砲兵連進行支援。

↓第8軍軍長密多頓少將（右）。在7月，他將率領他的軍向南沿著科騰丁半島的西海岸前進，越過勒賽和杜瑟（Ducey），於8月3日突破進入不列塔尼。

們為那所能夠獲得的悲慘幾碼土地付出難以承受的代價。」〔布萊德雷《一個大兵的故事》（A Soldier's Story）〕布萊德雷的推論是，如果要達成任何突破，一定要朝美軍部隊可以集中力量對付的敵軍「弱點」進行，並以足可粉碎敵軍前線防禦的重擊穿越缺口，殺出一條路來，接著各師才能在德軍恢復平衡之前蜂擁通過缺口。

被選定要進行突破的點，是在「沿著聖洛和柯坦斯之間十六英里線上的某處」，連布萊德雷將軍都承認，這不會是一件簡單的事，因為德軍的抵抗將會使從那裡推進至柯坦斯的可能性「十分慘烈」。第1軍團的第二個選擇是從卡倫坦的鄰近地區強行打開通路出科騰丁半島，在抵達經過一致同意的突破線前穿越該區域某些最困難的地形（主要是濕軟的沼澤地帶）；在對此處的地形進行謹慎的調查後，布萊德雷和參謀們都相信選擇這條路線的成本也太高。

第三個選項、也是被採用的方案，是沿著科騰丁半島西海岸的公路強攻，從拉海伊迪皮（La Haye-du-Puits）出發，經過勒賽的沼澤

地直到柯坦斯。布萊德雷寫道：「如果我們可以從西海岸的公路突破進入柯坦斯，敵軍就會因為害怕被來自聖洛的鉗形攻擊切斷，而被迫越過科騰丁地峽的其餘地區撤退。」（布萊德雷《一個大兵的故事》）。隨著聖洛至柯坦斯的公路被指定為發起線，美軍部隊將因此位於從籬田區域發動突破的位置。

由於採納了這樣的戰略，密多頓將軍的第8軍將領導沿著西海岸公路的攻擊，而柯林斯將軍的第7軍將接管密多頓橫越卡倫坦沼澤區的一部份正面，並在密多頓的部隊持續朝柯坦斯進軍時，把德軍逐出地峽；同一時間，蒙哥馬利元帥將在英軍和加拿大軍的地段上恢復對岡城的攻勢，以消除布萊德雷第1軍團的部份壓力。不過布萊德雷、柯林斯和密多頓三位將軍發現，德軍已有充足的時間大幅強化他們的陣地。

到了六月底，西線的德國陸軍已經增強，黨衛軍第2裝甲師的組成單位已經進入聖洛周邊的陣地。事實上，德軍從拉海伊迪皮周圍的高地觀察美軍的攻勢準備作業，而如同美國陸軍官方戰史提到的，「他們準備好了」。在改編第7軍團的部隊後，隆美爾盡極大努力，設法組成了一支能夠進行縱深防禦的部隊。直接面對密多頓第8軍的是柯尼希（Koenig）戰鬥群，由歐根·柯尼希上校（Eugen Koenig）指揮，其兩翼由第91、第265和第243師組成，而由非日爾曼東歐國家和前俄軍戰俘組成的東方部

↑第7軍軍長柯林斯少將。柯林斯帶領他的部隊於6月18日抵達科騰丁半島西海岸，並在當月月底攻克瑟堡。轉向南方後，第7軍攻向卡倫坦和佩希葉，之後轉向東方，在8月中旬組成法萊茲口袋的南緣。

隊（Osttruppen）的一支大型分遣隊，則把守中央部位。

除了黨衛軍第2裝甲師的協助外，德軍也有一支可滿足需求的砲兵部隊可供運用，當中包括第243師的砲兵、兩個加農砲連、五個反戰車連、一個完整的驅逐戰車營，以及各式各樣的榴彈砲、火箭發射器、高射砲連、擄獲的俄軍火砲和數輛老舊的法製輕型戰車。駐守在柯尼希群後方的是第352師和一個來自第77師的戰鬥群，最後這兩個單位將防守蒙特蓋爾登嶺（Montgarden）和蒙地卡斯式（Castre）的有利位置。黨衛軍第2裝甲師策略性地駐守在聖洛以

南做為預備隊,將充當機動反應部隊,防止任何突破,或是充當拉海伊迪皮附近的封鎖部隊。比較靠近的是還在不列塔尼的第5傘兵師第15傘兵團。簡言之,德軍已設法穩定了戰線,並打算苦戰到底,絕不輕易拱手交出土地。

第1軍團恢復攻勢

正如蒙哥馬利元帥在他的戰時回憶錄中所提,他對布萊德雷將軍的主要命令(在突破前他身為名義

→精銳的第三傘兵師防守聖洛,該師是D日之後抵達諾曼第地區的第一批德軍師級部隊之一。

上的盟軍地面部隊司令）是著重在快速向南展開深入的必要性，利用現存的敵軍配置以迅速發動突破。當蒙哥馬利的第21集團軍恢復對岡城的攻勢，以轉移德軍對布萊德雷第1軍團的注意力，以柯林斯的第7軍為主的美軍將殺出灌木樹籬地帶，並在攻佔聖洛後朝法萊茲（Falaise）和阿戎頓（Argentan）進發，開始向塞納河長驅直入，並解放巴黎。此舉將為巴頓中將第3軍團的活動創造空間，他麾下的戰車將向西突破，以佔領不列塔尼和其大西洋沿岸各港口；一旦此情況發生，第3軍團只有兩個軍（第8軍和第19軍）負責此一任務。當籬田區域的戰鬥已經受阻幾個星期後，巴頓和軍團其餘的部隊將在八月三日從阿弗朗什突破進入法國，向南方和東方深入，於八月十六日抵達羅亞爾河，二十五日抵達巴黎以東的塞納河。

這位英軍元帥提到，「在布萊德雷將軍能夠全力發動突破作戰前，他得承擔艱辛且吃力的初步作業，以確保一個穩定的發起位置」。蒙哥馬利和布萊德雷兩個人都發現，德軍仍投入諾曼第的防衛，不會讓他們輕易地從立足地區突破。

強硬的抵抗

儘管大批援軍從英格蘭乘滑翔機抵達，而為此攻勢加入第8軍的第82空降師由馬修・李奇威准將（Matthew B, Ridgway）指揮，也在七月三日出現，美軍沿著波特希嶺－蒙地卡斯忒軸線再次遭遇強烈抵抗。將近四天的時間，美軍滑翔機步兵與德軍奮戰到底，在蒙受格外慘烈的傷亡後，第82空降師終於成功擊潰國防軍的主防線。

當傘兵部隊於七月三日進攻95號山丘時，第79和第90步兵師向蒙地卡斯忒攻擊，在滂沱大雨中，第90步兵師穿越灌木樹籬和樹木茂盛的山坡，堅定不移地朝蒙地卡斯忒挺進，目標是和第79師會師。在對蒙地卡斯忒的突擊中，第90師師長尤金・蘭莊少將（Eugene M. Landrum）以軍砲兵、戰車和驅逐戰車為步兵帶來大量火力支援，以徹底壓制德國守軍。在投入攻擊差不多兩個小時之後，第90師看起來有所進展，但當德軍抵抗增加時，前進就停頓下來。事實上在進攻的第一天中，第90師在七月三日前進不到一・六公里（一英里），卻付出六百人傷亡的代價，德軍相當有把握地證明了他們打算、也有能力進行抵抗。實際上，第90師的攻擊只不過損傷了前哨抵抗線，還未與主防線接觸，如同第90師一位軍官所說的：「德軍所剩無幾，但個個都適得其所。」

美軍的缺陷

不過，問題不只是德軍抵抗增強，戰車乘員和步兵在衝破籬牆時無法緊密合作的問題仍有一部份存在，且還有其他問題存在著，像是關於攻擊步兵的指揮與管制，以及「神經質的步兵」對灌木樹籬中最細微的動靜或聲音開火射擊時的全

面性射擊軍紀。例如在一次局部的德軍逆襲中，當美軍部隊進入勒薩布隆村（les Sablons）時，數輛德軍履帶車輛從附近的籬牆後方現身。在攻擊中，當步兵們逃回村內時，恐慌幾乎接踵而來；為了重建秩序並維持前進的衝力，理察・帕特里奇上校（Richard C. Partridge）投入他的預備營，並派出三門突擊砲和團的反戰車連當中三個排防備敵軍戰車，最後第358步兵團的士兵終於擊破德軍的抵抗，並越過該村繼續推進。

然而對第90師來說，由於滂沱大雨和德軍抵抗時極其準確的彈幕設法釘死了師內各單位，麻煩仍接二連三出現。最後除了戰術空襲和砲擊之外，在試著側翼迂迴德軍設於蒙地卡斯忒的防衛陣地，以及投入師的預備隊第359步兵團之後，第90師的四個營（第359團三個營和第358團一個營）終究在七月六日晚間攻克蒙地卡斯忒及鄰近的122號山丘。

德軍雖然被逐出蒙地卡斯忒和122號山丘，還是在七月六日至七日的夜間反覆逆襲，不過第90師頑強地守住山頂的陣地。其間，喬治・巴斯上校（George H.Barth）第357步兵團的組成單位堅定地向包顧德黑村（Beaucoudray）挺進。藉由砲兵、步兵和戰車的協助，巴斯的人馬在七月五日進入走廊，擊毀一門自走砲，並在被德軍砲兵和迫擊砲火力阻擋之前進抵距包顧德黑村九百一十四公尺（一千碼）以內之處。接著第357團的官

兵就在當地鄰近的灌木樹籬間尋求掩蔽，而德軍步兵仍持續向他們射擊。

巴斯上校在七月六日早晨恢復攻擊，他麾下一個步兵連在砲兵和煙霧彈的協助下，越過包顧德黑村前進；同一時間有兩個步兵連在該

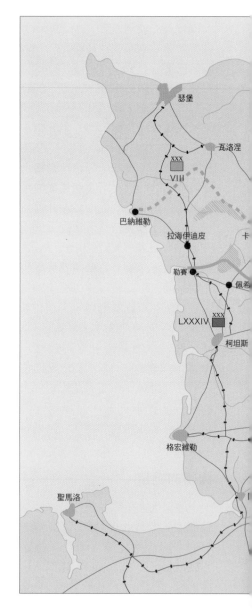

村南邊數百碼之處為另外兩個步兵連提供掩護火力。加上這些額外的部隊，巴斯上校總共有五個步兵連就適當位置，以繼續朝師的主要目標前進。

正當德軍獲得第15傘兵團和第7軍團預備隊最後一批分隊的增援

準備逆襲時，第357團的官兵正處於易受攻擊的位置。七月六日深夜二十三時十五分，德軍以砲兵和迫擊砲猛烈轟擊巴斯的陣地右翼，然後開始進攻；雖然巴斯麾下北群的一個連擊退了德軍的攻擊，包顧德黑村南邊的兩個步兵連卻陷入被切

←盟軍灘頭堡在7月間的擴大情況，可見除了柯蒙特附近美軍第5軍的地段之外，盟軍沿著整條正面四處發動攻勢。

斷的嚴重危險。

為了緩和南群的壓力，巴斯上校在另外一個步兵連和兩個排的中型戰車支援下發動一波逆襲。雖然敵方的迫擊砲和機槍火力十分兇猛，步兵推進到包顧德黑村北邊的最後一道籬牆。步兵連連長在那裡下令將支援他的戰車投入，攻擊位在鄰接籬牆內的德軍；當攻擊開始時，連長就被德軍火力擊中。同一時間，德軍對美軍右翼發動一波小規模逆襲。由於敵軍猛烈的火力，到了此時所有的軍官和士官非死即傷，步兵和戰車兵們失去領導，只得越過泥濘不堪的田野退回集結區，而德軍的強大火力也阻止美軍進一步嘗試解救在包顧德黑村內被切斷的美國大兵。

最後，當德軍戰車衝入村內、消滅了指揮所之後，被切斷的步兵連只得被迫投降，從而終結了巴斯上校救援包顧德黑村守軍的一切企圖。

經過將近五天的戰鬥後，第90師以超過二千人傷亡的代價，前進了六‧四公里（四英里），就這麼少的收穫來說，如此的代價的確相當高昂。雖然第90師的領導階層被搬出來檢討，但一項簡單的事實就是該師從一開始就被指派到一項艱鉅的任務，越過敵人熟悉的、安排好的地形進攻，並由數量上就算沒有優勢、也是勢均力敵的德國陸軍頑強防守（幾近五千六百名第一線戰鬥部隊，分別來自第91、第265、第77和第353步兵師還有第15傘兵團），第90師的攻擊已迫使德

軍第7軍團司令召集剩下的預備隊進行這最後防線的拼死抵抗。事實上雖然各方的批評從那時起責怪蘭莊少將，認為他的師缺乏攻擊性，且未能從先前的籬牆戰鬥中吸取教訓，並且在整個師裡面由上而下加以宣導，不過未能佔領其在拉海伊迪皮和包顧德黑村以南的初期目

標，並未使高階指揮官們感到困擾，布萊德雷將軍和其他高階美軍指揮官們反而更關切該師看起來在奮力進軍的過程中「停止前進」。

第90師對面的是第79師。第79師由伊拉‧威契少將（Ira T. Wyche）指揮，分配到的任務是拿下蒙特蓋爾登嶺，並朝拉海伊迪皮進行強攻。儘管把步兵連分派到公路兩旁，來自附近鐵路路堤的機槍和迫擊砲火力卻阻止了領頭單位前進，最後一等兵威廉‧瑟爾司頓（William Thurston）爆破了路堤，並用M1加倫德步槍擊斃敵軍機槍手。瑟爾司頓的行動導致德軍防禦「動搖」，使該師的隊伍能

←裝上四連裝二十公釐機砲的半履帶車。1944年時，每個裝甲師有六輛這種高射砲車，每個營參謀連各三輛。

→這名黨衛軍士兵攜帶
的鐵拳是世界上第一種
發展出來的單發反戰車
武器。

夠向他們在121號山丘的目標前進四·八公里（三英里）。瑟爾司頓由於在這場會戰中的英勇行動獲頒陸軍的優異服務十字勳章。

在朝121號山丘進發之後，第314步兵團開始包圍其目標，並進攻蒙特蓋爾登嶺的山頂。第314團團長瓦倫·羅賓森上校（Warren A. Robinson）抓住主動權，向德軍陣地挺進，並在一陣短暫的戰鬥過後攻陷蒙特蓋爾登嶺山頂。七月四日，羅賓森上校以無線電通知威契將軍已佔領了121號山丘；現在第79師擁有了一處砲兵觀測站，使其砲兵前進觀測員可以指揮火力打擊拉海伊迪皮。

威契少將也命令第315團前進。三輛出現在公路上的德軍戰車激起美軍步兵的恐慌，他們在一團亂的狀況下逃向後方，使進展緩慢下來；直到七月三日午後，第315團的官兵和支援戰車才重新組織起來，繼續前進。到了黃昏時分，第315團只前進了一·六公里（一英里），指揮官們再次歸咎於前往蒙特蓋爾登嶺路上的籬牆。不過第314團攻下121號山丘大大協助了第315團的推進，在七月四日獲得更多進展。

德軍還沒有試圖逆襲。不過在七月四日晚間，當第315團的步兵離84號山丘只不到三·二公里（二英里）時，德軍突然發動一次突襲。由多輛四號戰車和半履帶車支援的步兵突然從籬牆後現身，以迅雷不及掩耳的速度包圍第315團的兩個步兵連，不過他們擊退了這次

一名躲在散兵坑深處的
德軍步兵望向天空，觀
察是否有盟軍飛機來
襲。到了1944年6月，
德國空軍幾乎從法國的
天空中消失，使德軍地
面部隊經常受到盟軍空
中武力的威脅。

6月14日美軍第7軍灘頭堡

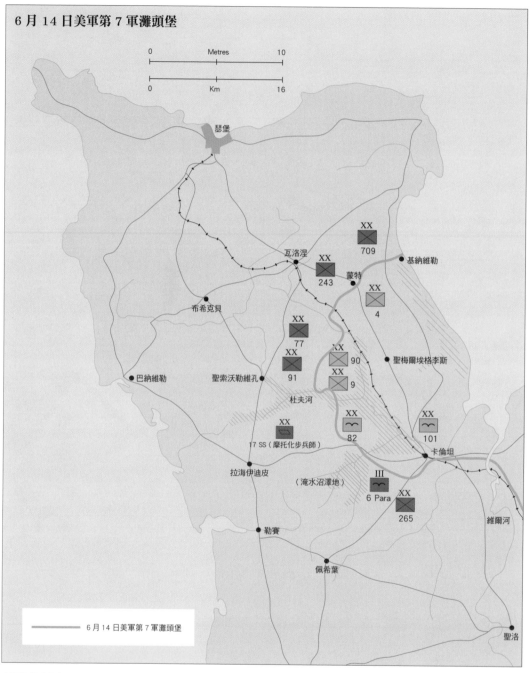

↑猶他灘頭後十六公里
（十英里）處的第7軍
戰線。

攻擊，並在位於121號山丘的師砲兵支援下建立了堅牢的周邊防禦陣地，防止德軍突破。

　　在第314步兵團於一九四四年七月五日攻下拉海伊迪皮後，威契將軍決定進行一次嶄新大膽的行動，希望他的師能夠擺脫緩慢地逐籬牆戰鬥的進軍，或可能從中俘虜數量可觀的德軍。威契將軍投入預備隊第313步兵團，期待向右方進行一次大包圍行動，以通過蒙特蓋爾登嶺西端，接著迅速下山，一路直抵埃河（Ay）。攻擊行動在中午展開，由一支兩個連規模的戰步

←德軍士兵正在維修四號戰車的引擎。德軍每個裝甲師都有其修護連，由負責戰車修護、軍械、標誌和備用零件補給等工作之各排組成。

↑7月時，德軍砲兵與遠距離之外的美軍部隊交戰。我們從本圖中再一次見到，德軍因害怕盟軍的空中攻擊，而對火砲施以嚴密偽裝，但即使如此也不一定保證能騙過四處出擊的盟軍戰鬥轟炸機。

混合特遣隊領導這次行動。沼澤地形和數不清的灌木樹籬再度拖累了攻擊部隊的移動，到了下午特遣隊離目標還有數百碼遠，但就在這裡遭遇了德軍猛烈的集火射擊，攻擊因此動彈不得。到了夕陽西下，德軍又發動一次兇猛的逆襲，在攻擊停止前將特遣隊逐退數英里遠，這回暫停給了313團時間重新編組。

威契將軍在預料到另外兩個團沒有能力突破德軍防線後，下令曾經歷戰鬥考驗的第315團重返戰場。七月五日，美軍在戰車和驅逐戰車的增援下，開始進攻84號山丘；這一次該團進抵84號山丘的北坡，第79師終於在蒙特蓋爾登嶺最高的部份擁有一個立足點。

威契將軍為了強化其陣地並為最後征服蒙特蓋爾登嶺做準備，調換其他兩個團的位置，並命令第314團轉向右方拉海伊迪皮周圍，並在東面斜坡取得據點。該團在當天早晨迅速克服德軍的抵抗，達成目標。他之後重新指示第313團的行動方案，從其在師的右翼後方位置向東至可支援84號山丘上的部隊的陣地。到了七月六日正午，也就是攻擊行動的第四天，第314和第315團已設法進抵蒙特蓋爾登嶺的北坡和東坡，而第313團則在山腳下右翼後方排列成梯隊。

拉海伊迪皮

為了更有效對付德軍在籬牆間的抵抗，威契將軍告訴麾下各步兵單位指揮官，只要準備好就單獨發

動攻擊。這個辦法奏效了，第314和第315步兵團設法佔領了目標，完全佔據了蒙特蓋爾登嶺的東半段。當第313步兵團遭遇德軍頑強抵抗時，第315團成功拿下84號山丘，而第314團則完全佔領蒙特蓋爾登嶺。到了七月七日上午，德軍的抵抗崩潰，朝埃河方向撤退。

儘管遭逢這些挫敗，德軍仍然佔上風，而第79師再度遭遇激烈的抵抗，事實上敵軍已重返拉海伊迪皮。期間，黨衛軍裝甲第2師「帝國師」（Das Reich）師長狄特里希·馮·侯提茲中將（Dietrich von Choltitz）在七月七日下午發動逆襲，德軍一支由兩個裝甲營組成的分遣隊殺入蒙特蓋爾登嶺第79師陣中，德軍的逆襲兇猛無比，以至於第79師幾乎要被趕出蒙特蓋爾登

嶺；從德軍攻擊的最初震盪當中迅速恢復過來後，威契將軍將麾下的步兵、戰車、驅逐戰車和砲兵組成一支強大的聯合兵種部隊，美軍士兵因而可以進行有效且協調的防禦。在威契將軍手下的官兵擊毀三輛戰車後，德軍攻擊開始失去了衝勁，到了七日黃昏，侯提茲的攻擊已經被遏止了，但第79師也不能像先前的看法一樣快速地向埃河前進。

79師的損失

美國陸軍官方戰史提到，經過在籬牆間長達五天的慘烈戰鬥後，第79師的官兵才攻佔了蒙特蓋爾嶺。雖然該師在攻勢的頭幾天中傷亡十分輕微，但德軍的逆襲導致了將近一千名美軍士兵陣亡、負傷或

↓一門50公釐反戰車砲部署在一條主要幹道旁，擁有良好的射界，準備對付盟軍裝甲部隊。諾曼第各村莊牢固的房舍成為理想的據點，使德軍能夠組織防線。

失蹤，而該師的傷亡總數則是超過二千名軍官和士兵。更重要的是，第79師的可戰鬥部隊人數嚴重減少，有些單位士氣非常低落，在恢復攻勢之前，只能暫時從前線退回後方進行整補和重編。[3]

在展開第1軍團攻勢的過程中，第8軍無法達成蒙哥馬利元帥和布萊德雷將軍所想要的突破，德軍則無疑地表現出準備充足的態勢，決心對任何前進做進一步抵抗。他們只放棄了非常少的土地，以極為高超的戰術技巧防衛籬牆陣地，以美軍無法事先預料到的層次運用武器，而最重要的是對第1軍團第79和第90師造成慘重傷亡；此外，蒙特蓋爾登嶺的戰鬥清楚明確地指出國防軍尚未徹底崩潰的事實。

戰鬥表現

關於第8軍，儘管其無法進抵聖洛，對即將施行之向塞納河前進的時間表造成更多延誤，然而這些錯誤不能算在第79和第90師的頭上。雖然歷史學家們已經對他們的領導階層和官兵做出批評，但他們沒有考量到這兩個美軍師面對的是防衛著巧妙且牢固的防禦陣地之一流德軍部隊、而這兩個師已設法突破德國陸軍主抵抗線的事實。在接受不熟悉籬牆戰鬥的新兵補充後，這兩個師的表現一定會有所失色；因此另一方面，這兩個師就會被批評未能對這些部隊反覆灌輸在籬牆區域中與德軍戰鬥的教訓。不過有一點倒是相當清楚，德軍能夠從第

1軍團強行突破籬田區域前的初步動向中「預期到沒有喘氣時間」。正當第79和第90師撤出戰線、第82空降師返回英格蘭時，美軍第7軍就接管先前被這些單位佔據的陣地。

與艾森豪將軍和蒙哥馬利元帥使美軍持續向南進攻的願望一致，布萊德雷將軍下令第7軍從瑟堡調動至卡倫坦，適時承擔第8軍東側（左側）地區的作戰責任。第7軍將取得馬黑卡格蘇斯德哥赫基草原（Marécageuses de Gorges）（一塊沼澤地帶）和氾濫的陶特河（Taute）之間的地段，這塊地區對第1軍團來說相當重要，因為連接科騰丁半島美軍部隊和陶特河以東其他盟部隊的唯一一條高速公路穿越此處。

這個地段易受攻擊：幾次德軍逆襲幾乎成功拿下該城，把盟軍的灘頭堡切成兩斷塊；同樣地，德軍的任何突破可能切斷盟軍間的陸上交通（英軍和加軍），只要向卡倫坦以南的戰線前進，美軍部隊就可以消除這些危險。

不過更重要的是，第7軍是將做為沼澤地形上主要堤道的柯坦斯和聖洛間高速公路視為其目標一部份。為了讓第7軍有足夠空間可以部署部隊，以接觸與密多頓第8軍的會合點，有必要奪取佩希葉到聖洛的公路。當德軍的抵抗崩潰，第7軍和第8軍會師後，布萊德雷將軍曾希望使用軍團預備隊當中的一個裝甲師來擴張美軍的成功，並一口氣突破籬牆區域。

←到1944年時，美國陸軍大體上拒絕了牽引式反戰車砲的構想，因為它們缺乏機動力，且在攻勢行動中一無是處，因此發展了自走「驅逐戰車」做為替代，像是本圖中的M10；在聖洛周邊的戰鬥中，每個步兵營都配置了兩輛M10。配備三英吋主砲的M10之後被M18「地獄貓」（Hellcat）和M36驅逐戰車取代。

→光是從籬田區域樹籬的規模和縱深就可以明白，就算只是要逐出一名德軍狙擊手也得動用槍榴彈。

布萊德雷將軍在七月初的攻擊中就已在構思奪取必要的土地，而就蒙哥馬利元帥所知道的，此舉將為最終從諾曼第口袋突破做好準備。布萊德雷將軍的目標不只是奪取土地以讓第1軍團進行機動，更重要的是掌握通往從柯坦斯經馬希格尼（Marigny）到聖洛一線的通道，之後他就能夠在那裡守住對最終的突破來說必要的陣地，而不用越過狹窄、充滿沼澤、支配著通往聖洛的途徑的地形戰鬥。

布萊德雷的計劃

布萊德雷的打擊計劃要求從右翼靠海的地方展開行動，接著以四個軍當中的三個排成一線，發動一系列打擊，向東逐漸擴大範圍，每個軍在接獲命令後就展開攻擊。為了抵達目標聖洛市，意味著右翼需要前進約三十二公里（二十英里）左右，而整個正面將以聖洛東面的第5軍為樞軸。此波攻勢的第一部份是第8軍以三個師兵力（第79、第90師與第82空降師）朝拉海伊迪皮和蒙地卡斯忒的丘陵攻擊，因為第82空降師從諾曼第戰役中撤出，布萊德雷將軍下令軍預備隊第8師與第7軍一起進入戰場。「閃電喬」柯林斯少將的第7軍將在這裡重新展開攻擊，以第83師和第4師為先遣單位，而當這兩個師獲得足以進行機動的空間後，第9步兵師就會加入戰局。最後，第19軍在第5軍第2師協助下，將會在一塊包括維爾河的地區參與作戰，且將對準維爾河兩岸的聖洛地區。第19軍之

第29及第30師，以及最後的第35師（仍在取道美國前往法國的路途中）將支援第7軍的攻擊。第3裝甲師在剛開始時是軍團預備隊，位在伊斯尼附近。

德軍在聖洛城內及其周邊地區

的戰鬥序列構成第7軍團的主體，由黨衛軍上將保羅·豪塞爾（Paul Hausser）指揮，他在一九四四年六月二十九日多爾曼上將於司令部中去世之後繼任此一職務。第84軍和第2傘兵軍防守從柯蒙特防區向

↓灌木樹籬不是第1軍團唯一需要應付的障礙，猶他灘頭後方的大片地區遭德軍以洪水蓄意淹沒。

西直到海岸的正面，以維爾河為界。事實上，美軍第1軍團的情報曾指出，在這兩個軍之下共有至少十二個師，當中包括黨衛軍第17裝甲擲彈兵師和黨衛軍第2裝甲師「帝國師」，且據了解只有黨衛

←在多爾曼因心臟病發去世後，黨衛軍上將豪塞爾於6月30日接任第7軍團司令。

軍第2裝甲師低於滿編狀態，一個原因是此為自D日以來消耗戰的結果，人力的持續消耗要求新單位遞補，另一個原因則是盟軍的空中封鎖行動防止德軍迅速增援戰場。至於戰鬥群，只有來自第265、第266和第275師的單位可用來做為機動預備隊。儘管耗盡了人力，德軍部隊仍包括幾個第一流的單位，如第2傘兵師和兩個黨衛軍的師。

由於第7軍團拖延美軍的前進，贏得寶貴的時間，德軍的形勢進一步鞏固，給了第7軍團各單位許多機會徹底強化陣地，來準備打一場防禦戰。同樣地，鑒於第1軍團只有很小的空間進行攻勢機動，第7軍團則擁有開闊的空間可供機動，也擁有對維持彈性防禦來說必要的絕佳交通線。

不過德軍最大的優勢還是在於地形，在這整塊區域中縱橫交錯的灌木樹籬不僅妨害了攻勢機動，也

限制了戰車的運用。事實上根據第1軍團情報單位的估計,在諾曼第一塊一二‧八公里(八英里)的區域中就有超過三千九百塊被籬牆圍圈的田地。灌木樹籬生長於大型路堤上,可形成高達三公尺(十英呎)的堤壩,時常被排水溝或低於地面的道路環繞,而灌木叢有助於

→第79師的士兵們在勒賽附近,時間是6月中旬。槍榴彈的使用方法十分簡單,只要用空包彈就可以從槍管發射。

精巧地佈置深入地面的掩體或隱蔽的據點。除了地形之外，陰鬱的天氣也使得卡倫坦南方和西南方沼澤地形的影響更加突出，部份地區已

氾濫數月之久，成為德軍防禦計劃的一項特點。惡劣的天氣也抵消了美軍的空權優勢，空襲行動被取消的次數越來越多，觀測行動也同樣受到影響，限制了對敵軍動向和配置的情報搜集。[4]

七月四日，第7軍恢復攻擊，由第83師和第8軍第90師並排進行第一場作戰。第83師沿著馬黑卡格蘇斯草原前進，抵達沼澤地西邊的哥赫基和東邊的聖提尼（Sainteny），第4師將越過它們朝佩希葉進攻，後面分別跟著第3裝甲師和第9師。對第83師來說不幸的是，德軍已組織大規模的縱深防禦，而在第7軍的地段防禦力最為強大，已做好萬全準備。

代價高昂的攻擊

第83師在第一波攻擊中折損了三百人，並在接下來幾天當中只獲得微不足道的收穫。為了支撐第83師的進攻，柯林斯將軍沿著一道主要在卡倫坦至佩希葉高速公路西邊的正面投入第4師。當第4師的士兵越過不少於三條的主抵抗線進攻時，也遇到敵人同樣堅決的抵抗。經過長達三天的猛烈戰鬥後，第83師和第4師只將戰線沿著卡倫坦至佩希葉公路推移了約一千八百二十八公尺（二千碼）左右。

同一時間，第19軍發動攻勢朝維爾河推進，其終極目標是搶佔聖洛東西兩側的有利位置，該城的重要性主要在於作該城為通往卡倫坦和伊斯尼公路的「中樞」：往東，公路可承受通往柯蒙特和貝優

（Bayeux）的繁忙交通，而往西在佩希葉和勒賽之間則構成了德軍西翼後方的主要交通線，而西南方還有柯坦斯高速公路。只要守住聖洛，德軍可以馳援在戰場每一個方向上的軍隊，因此，布萊德雷將軍和參謀們最主要的想法就是奪取德軍這個具備關鍵重要性的公路節點。

拿下聖洛還有一項好處：在盟國遠征軍最高司令部計劃人員的構想中，聖洛周圍的地形適於進行突破行動。聖洛兩側的地面對於裝甲部隊發動攻勢來說相當理想，因為可以讓美軍發揮在戰車方面的優勢，能夠比他們在籬田裡打的要好得多。若第19軍能夠跨越維爾河或是向西南方朝柯坦斯前進，如此一來也可以造成德軍陷入另一個該在什麼地方佈防的困境。

柯爾雷特的計劃

當第19軍開始推進時，其左翼向南延伸至一個的巨大突出部中，（維爾河流經兩側）。第19軍軍長柯爾雷特少將將其主要打擊方向對準維爾河的西邊，奪取土地，使該翼回到線上。第19軍在此處的前進可以支援第7軍向西攻擊，在維爾河的右側掩護他麾下各單位的右翼，並為直接攻擊該河東側的聖洛鋪路。他計劃將維爾河以西該軍地段裡的敵軍清除，直到聖洛西側的有利位置，通往佩希葉和柯坦斯的高速公路就途經該地，是他的開場攻擊的最終目標。當第30師在第113騎兵群的支援下進行此一攻擊

時，第29師（科塔准將）將守住維爾河以東的陣地，準備好依軍部的命令直接進攻聖洛。此外，一旦第35師抵達法國並適應該地區，就將會參與第19軍向聖洛的強攻。

面對第19軍的德軍部隊隸屬於第84軍和第2傘兵軍。大部份的德軍已組成戰鬥群，但也包括一些一流的步兵團。根據估計，敵軍力量總共有十個步兵營、三個工兵營和兩個傘兵營，外加兩個裝甲連。在維爾河以西面對第19軍開場攻擊的地段，是由黨衛軍第17裝甲擲彈兵師防衛的三十二公里（二十英里）寬正面的一部份，其右翼由海因茨（Heintz）戰鬥群組成，下轄第275師兩個步兵營、第275工兵營和昂格斯（Angers）工兵營；其砲兵包括先前為第352師一個團下轄的一個砲兵連和一個高射砲兵連。在聖尚德達耶（St Jean-de-Daye）以西，黨衛軍第38裝甲步兵團的單位面對第19軍的攻擊區，而黨衛軍第17裝甲擲彈兵師的主力已與美軍第7軍交戰。[5]

向聖洛進攻

由李蘭．霍伯斯少將（Leland S. Hobbs）指揮的第30師（第19軍）即將展開對聖洛的攻擊。第30師當前的目標就是聖尚德達耶地區，包括就在該村以南的重點十字路口和東邊的一小塊高地。第30師的計劃要求進行兩面夾攻，必須橫渡維爾河和鄰近聯絡維爾河和陶特河的運河。第117步兵團將擔任先鋒部隊，於七月七日清晨四時三

十分對維爾河發動突擊，而第120步兵團將於十三時四十五分攻擊運河；第119團除了一個營從亞爾（Aire）至拉莫福（La Meauffe）沿著維爾河東岸守衛側翼之外，將支援橫渡維爾河的行動，之後並循著第117步兵團的路線前進。

領導第117步兵團攻擊行動的是第2營，營長為亞瑟‧富勒中校（Arthur H. Fuller），將以兩個步兵連並肩進攻，展開渡河行動。G連將支援左翼，並在F連之後間隔十分鐘渡河。第105戰鬥工兵營對每個領導攻擊的連提供工兵嚮導和十六艘突擊舟，而每艘突擊舟都裝備了由工兵特別設計裝上爪鉤的雲梯，用來從河面上攀登到維爾河的兩岸高約二‧四公尺（八英呎）的陡峭堤岸。

在河流附近一道道籬牆後方集結後，富勒的第2營就等待砲兵對可疑德軍陣地砲擊。砲擊過後，第117步兵團的官兵登上指定的突擊舟開始渡河。每艘突擊舟搭載十二人，所有官兵在四時三十分到達彼岸；正當他們上岸並尋找掩護時，立即遭遇德軍猛烈的砲擊。

當越來越多部隊登岸時，德軍的火力也大幅增強。幾乎當士兵們從河堤一越過開闊的田地往內陸挺進時，德軍的步槍和機槍就從第一道籬牆對著他們開火，例如第2營

↓ 德軍的88公釐口徑反戰車火箭筒（Panzerschreck）是美軍火箭筒的改良版本。

F連的一個排在衝過開闊田地成功抵達第一道籬牆前之後，才發現太過遠離其目標，並遭遇一小股德軍，於是雙方激烈交火。這樣的情況在F連的地段中屢見不鮮，德軍部隊射擊在地上匍匐前進尋求掩蔽的美軍，灌木樹籬彷彿跟著跳動起來。儘管德軍全力抵抗，第2營還是在當天早上八時三十分攻佔其第一目標。

在中午之前，第117步兵團全部三個營均已渡過維爾河，稍後跟進的是第119團第2營。隨著攻擊的進行，前進中的正面也逐漸加大。第117步兵團第3營開始朝30號山丘推進，也就是聖尚德達耶東方約一千三百七十一公尺（一千五百碼）處的高地。第1營向西南方前進，而早已沿著亞爾公路向聖尚德達耶下方路口前進的第2營緊跟其後，越過籬牆間空曠的田地以散兵隊形進攻。到了正午，該營已進抵其最初的目標，而德軍的抵抗已變得相對減輕，事實上到了七日中午，守軍已經迫於形勢撤退。

當第117步兵團擴張其橋頭堡時，第120步兵團準備在七月七日十三時四十五分進攻維爾河至陶特河的聯絡運河，其曾希望這次攻擊能夠準時進行，如此一來就能動搖面對第117步兵團的德軍防務，並從而迫使敵軍撤退。在遭遇初步的抵抗後，第120步兵團建立了橋頭堡，接著與一個連的M-4雪曼戰車跨越埃貝赫特橋的公路前進。

到了十六時，兩個團已分別渡過維爾河和維爾河至陶特河的聯絡運河。當這兩個團掘壕時，德軍和美軍之間爆發了一場可怕的砲兵對決。第117步兵團的第2營和第119步兵團的第2營試圖繼續向南朝聖佛賀孟埃格利斯（St-Fromond-

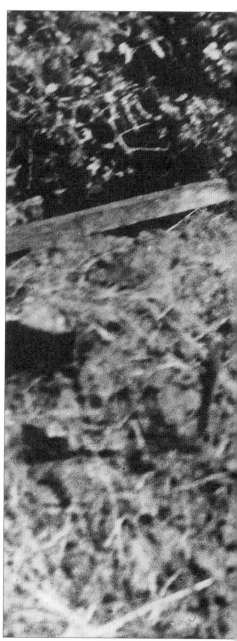

Eglise）前進，不過遭遇了猛烈的敵軍砲兵火力，致命的八八公釐砲不斷地轟擊他們的進軍路線。儘管部隊的前進在當天稍晚暫時停頓了一下，但對所有人來說顯而易見的

是第30師已迅速學到在籬田間戰鬥的教訓。陸軍官方戰史對聖洛戰役的描述指出，第30師的經驗就是步兵師在一九四四年六月後進入法國的典型：

↓聖洛周圍的德軍傘兵防禦陣地。散兵坑位在樹籬的後方，而且位置較低，除非被準確的俯射火力襲擊，不然幾乎可說是相當安全，萬無一失。

「一般來說，進攻的單位正發現每一個師在諾曼第的初期戰役中都意識到困難的一面：灌木樹籬地形中的戰術技巧和訣竅是菜鳥單位、甚至是那些在北非和西西里身經百戰的單位在初期尚未擁有的，第30師也不例外。該師於六月中抵達諾曼第後，接獲大量有關各種麻煩的警告，且必須接受訓練來面對這些麻煩，但沒有任何事物可以代替戰場經驗來清楚地顯示出行動的具體困難，或是試驗應付的方法。敵軍火力陣地難以標定位置，而使用地面單位所有火力加以攻擊更是

→諾曼第戰場上到處散佈著在戰鬥中被殺死的牛隻的腐爛屍體，雖然氣味十分難聞，但卻是相當有用的掩護！

難上加難：砲兵支援協調不易；前進一小段距離後，規模大於一個排的攻擊部隊內的通訊連絡可能會在籬牆迷宮裡完全失靈；戰車在隊伍中盲目作業，意味著暴露在火箭筒和反戰車砲前的危險；管理協同的攻擊行動難如登天，對小單位各別

的領導人員要發給高額的津貼。」

「所有的這一切都必須花費時間學習，若要融會貫通則需更久；大部份的單位在七月的會戰中邊打邊學。[6]」

儘管第30師在剛投入戰場時遭遇了不少問題，但該師在第1軍團長達一個月的籬牆戰役中算是獲得最佳進展的部隊之一，事實上第30師的進展順利，以至於布萊德雷將軍對於在第30師的地區成功突破的可能性感到越來越樂觀，因此布萊德雷將軍命令由李洛伊‧瓦特森少將（Leroy H. Watson）指揮的第3裝甲師準備穿越此處橋頭堡一路長驅直入，直抵聖洛西南方的高地。布萊德雷將軍和情報官員相信，在第3裝甲師的地段中，德軍抵抗充其量不大，瓦特森將軍的部隊在穿透他可能會遭遇的這一點抵抗時應不會有麻煩。第30師師長霍伯斯少將因此命令麾下各團持續攻擊，特別是第117團。

第113騎兵群

第113騎兵群同樣也在等著擴張第30師即將進行的突破行動，該部被指派支援第120步兵團。第113騎兵群已在七月七日二十時三十分橫渡維爾河至陶特河的聯絡運河，且到了次日凌晨二時已在河對岸牢牢地守住陣地，不久之後便開始機動作戰，第113騎兵群A連隨即開始在公路上向西南方朝古雪希（Goucherie）前進。到了七月八日午夜，他們已推進至離古雪希六百四十公尺（七百碼）遠的交叉路

口，結果在當地被一處敵軍據點所阻，敵軍兵力至少有一個排，裝備了機槍、衝鋒槍和反戰車砲。

到了凌晨三時，第113騎兵群A連在第230野戰砲兵營的協助下，對古雪希發動了一波協同攻擊，並在當天早晨七時三十分攻克該地。當其他附屬在第120團下的騎兵單位尋求移動繞過古雪希時，卻在該城以西一‧六公里（一英里）處遭遇敵軍猛烈火力襲擊。德軍第639歐斯特馬克（Ostermark）營和黨衛軍第38裝甲擲彈兵營團在這裡進行了頑強抵抗，暫時擋住了第113騎兵群的前進。美軍部隊打一場機動戰的希望再次破滅，因為攻擊行動轉變成一連串步兵交火而

陷入泥淖，他們搭乘M5輕型戰車和M8裝甲車衝進德軍從高速公路兩旁籬牆間陣地射出的機槍、迫擊砲、反戰車砲和步槍交叉火網中。在戰場上的數個地點，由於戰況過於激烈和混亂，使得大部份人必須下車作戰，而無法發揮戰車或裝甲車輛上武器的火力優勢。不過到最後，在B連和C連的協助下，騎兵部隊終於克服德軍的抵抗。

其間，布萊德雷將軍派遣第3裝甲師進入並穿越第30師的地段，希望其再向南深入的計劃能在七月七日至八日的夜間付諸行動。瓦特森少將的第3裝甲師已經開始移動，並奉布萊德雷將軍的命令即刻朝聖洛以西的聖吉勒（St-Gilles）

↓1944年7月初，聖洛附近的一名德軍傘兵。

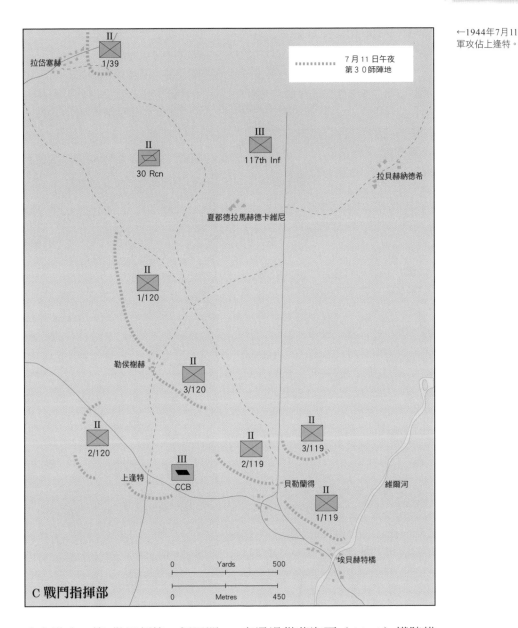

7月11日午夜
第30師陣地

拉岱塞赫
1/39

30 Rcn

117th Inf

拉貝赫納德希

夏都德拉馬赫德卡維尼

1/120

勒侯樹赫

3/120

2/120

3/119

2/119

CCB

上逢特

貝勒蘭得

維爾河

1/119

埃貝赫特橋

0　Yards　500

0　Metres　450

C 戰鬥指揮部

方向進攻。第3裝甲師第一個展開行動的單位是B戰鬥群，由約翰・柏恩准將（John J. Bohn）指揮。

　　B戰鬥群將其部隊劃分為三支特遣隊（X、Y和Z），於十八時三十分展開行動，並於二十二時三十分開始以每小時四十五輛車的速率通過從艾海爾（Airel）橫跨維爾河的橋樑。每一支特遣隊均由一個戰車營、一個裝甲車營、一個裝甲步兵營和一個工兵排組成。A戰鬥群擔任師的預備隊，被部署在斯泰馬赫戈希特戴勒，準備在必要時刻馳援B戰鬥群。就在渡過維爾河

後不久，B戰鬥群在離聖佛賀孟埃格利斯約五百四十八公尺（六百碼）處遭遇輕兵器射擊火力。當晚第83偵察營刺探敵軍防線時，德軍由步兵領頭，在迫擊砲和砲兵火力支援下發動一次強而有力的逆襲，德軍砲擊持續至次日的頭幾個小時，第83營的D連被迫撤退。

同一時間，瓦特森將軍命令柏恩准將帶領B戰鬥群從聖佛賀孟地區朝西南方斜向穿越第30步兵師的防區，以穩定正面。七月八日清晨六時四十二分，B戰鬥群穿越籬牆區域開始向西南方攻擊，結果遭遇海因茨戰鬥群（第275輕步兵營）的戰車發動兇猛的逆襲。在隨之而來的戰車戰中，德軍損失四輛四號戰車，而B戰鬥群則有一輛戰車被擊毀，因此B戰鬥群的裝甲部隊也被捲入同樣迂迴曲折的籬牆戰鬥中，自D日以來這一直是步兵們日常活動的特徵。

其間，X特遣隊的人員和車輛向西南沿著聖佛賀孟經博赫迪尼（Bordigny）至拉貝赫納德希（la Bernardrie）的高速公路移動，途中遭遇猛烈抵抗，德軍從沿著籬牆挖掘的壕溝中不斷射出機槍和迫擊砲火力，而四處移動的八八公釐砲也拚命開火。

雖然不是在貶損B戰鬥群的戰車乘員，不過前進中最了不起的成就是由第120步兵團第1營和第117步兵團第3營的官兵達成，他們佔領了聖尚德達耶村以南的交叉路口。

B戰鬥群裝甲兵的挫折感因後

方的艾海爾地區沿著維爾河發生大規模交通擁塞而加深，步兵們對公路的阻塞狀況痛苦地抱怨不已，而裝甲兵們則抱怨步兵擋住了去路，還在已經被指定為戰鬥集結區的地方搭起帳篷。最後，B戰鬥群和A

戰鬥群接到霍伯斯將軍的命令，在公路上行進以避開田野，因為德軍砲兵已經將火砲瞄準那些田地了，顯然霍伯斯將軍相信戰鬥指揮部的行動還不夠積極，因此不能脫離籬牆區域。不過柏恩將軍終究成功重編了特遣部隊，以確保他們可以在沒有並排穿越田野開路前進的耽擱下，沿著平行的路線編隊移動。不過B戰鬥群持續耽擱使霍伯斯將軍得出結論，認為柏恩准將缺乏帶領B戰鬥群行動的能力，並警告他必

↓掛載火箭彈四處巡邏的戰鬥轟炸機是空中的主要威脅，像是圖中的共和公司（Republic）P47和英國霍克公司（Hawker）的颱風式（Typhoon）。

須抵達目標，否則就會解除他的指揮權。

德軍預備隊

高層總部堅持B戰鬥群持續運動的一個理由，是得知一批為數不少的敵軍部隊正步步近逼：黨衛軍第2裝甲師的部隊和由一個戰車連支援的一個步兵加強營正從西邊靠近，而裝甲教導師則從東邊全傾全師之力進擊。當柯爾雷特將軍和他的參謀們防備德軍裝甲部隊這波猛攻時，B和A戰鬥群繼續向前朝他們的目標上逢特（Hauts-Vents）挺進甚至變得更加舉足輕重。

遲至七月九日早晨，來自黨衛軍第2裝甲師一支戰步特遣隊的小型偵察單位在勒戴瑟賀特（le Desert）攻擊第30師的右翼，柯爾雷特和霍伯斯將軍最可怕的夢魘終於成真。不過到了中午，第30師的步兵遏止了德軍的第一次威脅，但事態逐漸明朗，這次攻擊原來只是德軍更大規模行動的序幕。幾乎就在師砲兵開始重新部署的時候，另一支由步兵、戰車、砲兵、和自走砲組成的德軍特遣隊進攻第30師的右翼；儘管在戰鬥的初期階段存在敵我不清的狀況，師砲兵再一次發威，以大規模彈幕重擊德軍的前進。

戰車伏擊

勝利的代價是美軍的傷亡，但

↓美軍在7月從瑟堡向南進攻時，一輛M4雪曼戰車和支援的步兵朝勒賽北方的拉海伊迪皮村緩緩推進。

如同德軍所證明的，他們未被擊敗。附屬在第30師下的第743戰車營一個連沿著一條鄉間公路追逐兩輛四號戰車時，意外闖入巧妙佈置的伏擊陣地中。裝有警報器的德軍戰車從側面以極近的距離攻擊緊追不捨的敵人，此戰車連在十五分鐘之內就損失了大部份的裝備，共有三輛M4戰車被放棄，而另有九輛戰車和一輛工兵用推土戰車混戰中被擊毀，至於人員損失，共有五名士兵陣亡、四人受傷和三十六人失蹤；加上前一天就已經被敵火擊毀兩輛戰車後，這個連實際上已經被消滅了。

由於德軍逆襲即將到來的謠言不斷，再加上第743營的戰車連被德軍裝甲部隊殲滅，美軍步兵開始從前進陣地撤出。最後，儘管德軍行蹤成謎，B戰鬥群終於向聖尚德達耶至埃貝赫特橋的高速公路挺進；就在柏恩准將看起來可能會抵達目標的時候，霍伯斯將軍下令暫時停止前進，以重編步兵來進行朝向上逢特的最後衝刺。

有關B戰鬥群所在位置的狀況更加混亂之後，越來越明顯地，戰鬥群並不在上逢特。霍伯斯將軍實現了免職的威脅，解除了柏恩將軍對B戰鬥群的指揮權；不過到最後，B戰鬥群的一支分遣隊在七月十日晚間抵達目標，也就是91號山丘，不過不久之後，敵軍砲兵和迫擊砲的轟擊就迫使他們撤退。雖然守住91號山丘的最初企圖未能成功，不過B戰鬥群擾亂了裝甲教導師已計劃好將在午夜過後不久展開

攻擊的準備工作。B戰鬥群於七月十一日再度進攻91號山丘，被維爾河以東的敵軍火砲擊毀六輛戰車，不過此時並不能防止裝甲兵們繼續前進；在被暫時擊退後，B戰鬥群新任指揮官多蘭司‧羅伊斯頓上校（Dorrance S. Roysdon）親自率領麾下官兵挺進，終於攻佔了上逢特。

無止境的拖延

B戰鬥群進入橋頭堡導致了另一回合令人洩氣的籬牆戰鬥，使得前進行動陷入僵局。就如同第1軍團整條戰線上的狀況一樣，B戰鬥群早先為拿下其目標並擴張缺口的失敗，導致布萊德雷將軍朝聖洛方向突破的目標往後更加推遲。鑑於美國陸軍官方戰史責備戰鬥群沒有能力協調他們與第30師的行動，事實上B戰鬥群無法佔領上逢特更應歸咎於裝甲教導師的出現，以及更重要的即第30師步兵的混亂狀況；此外，第39步兵師沒有跟著在勒戴瑟賀特另一邊前進支援第30師，也使得第30師暴露在可能出現的德軍逆襲中。對拿下聖洛第一輪戰鬥的任何分析越來越清楚地顯示，部份問題其實出在布萊德雷將軍不切實際的期望上，他竟然認為一個加強戰車營就能夠在西北歐德軍其中兩個最強的裝甲師之間將任何突破擴張。無論如何，進行深入穿透的機會已經消逝了，到了此時，B戰鬥群已經解決沿著維爾河與第30師擁塞在一起的狀況，而裝甲教導師和黨衛軍第2裝甲師的單位已經堵住

缺口,並準備進行逆襲。

德軍的逆襲

到目前為止,德軍在籬田區域間的努力已擋住第1軍團朝向內陸迅速推進。但即使時間從六月進入七月,且有了一位新司令官接管德軍在西線的部隊,如何才能最有效地遏止盟軍向內陸推進的議題,仍在國防軍最高統帥部和西線總司令部內激烈進行。

對所有人來說很明顯地,遲至一九四四年六月為止,由前西線總司令倫德斯特元帥倡導的機動戰略曾是對付盟國陸軍的正確戰略。但不幸的是,隨著日子一天天過去,美軍和英軍部隊變得越來越強大,如同抵達美軍第19軍側翼的第9步兵師所表明的那樣。裝甲教導師於七月十一日進行的逆襲在第9師的防線上造成問題,在那裡敵軍攻擊的主力減弱,弱於南方和東方更遠處的攻擊。德軍裝甲部隊最初的成功要歸因於在第39和47步兵團之間生成的缺口。

從午夜開始,第39步兵團報告在勒戴瑟賀特西南方有大批德軍活動;到了七月十一日頭幾個小時,裝甲教導師展開攻擊。在一個小時之內,敵軍的戰車和步兵縱隊開始源源不絕地灌入第39和47步兵團之間的缺口。一個隸屬於裝甲教導師的縱隊橫掃了第47步兵團第3營的指揮所,而另一支敵軍編隊則沿著勒戴瑟賀特高速公路逼迫第39步兵團第1營後退五百四十八公尺(六百碼)。事實上,進攻的衝力使部

份德軍裝甲單位一直前進至第1軍團前線陣地後方約一千八百二十八公尺(二千碼)處。

敵方的逆襲摧毀了第39與第47步兵團以及師部之間的交通線,而當第39步兵團第1營撤退時,師部採取即時的行動以「填補缺口」並防止德軍突破,甚至在援軍急忙趕來遏制敵軍攻擊時,第899驅逐戰車營和第39及第47步兵團的其他單

←柯林斯第7軍的官兵們在德軍第7軍團於8月7日展開的逆襲中被逮個正著,在摩賀坦附近的籬牆間拔足狂奔。

位正拚命地與裝甲教導師戰鬥。同一時間,第47步兵團第1營和四輛M10驅逐戰車在師部的指揮下,沿著勒梅斯尼(le Mesnil)至維內宏(Veneron)以南的公路移動,這支部隊的任務是與第47步兵團第3營接觸,切斷敵軍的逃亡路線,並在團的戰區中掃蕩孤立的敵軍抵抗口袋陣地。第39步兵團第3營則被派去封鎖德軍步兵朝拉塞樂希(la Scellerie-la Buhotrie)-拉布奧特西地區的前進。其間,P47雷霆式(Thunderbolt)戰鬥機飛了幾趟密接空中支援任務,攻擊沿著拉塞樂希周邊地區中勒戴瑟賀特附近公路前進的德軍戰車。到了十二時三十分,第60步兵團第2營出動馳援第47步兵團,而第47步兵團第3營終於能夠完整無缺地恢復指揮所的運作。

當天最慘烈的戰鬥發生在由第899驅車戰車營A連和B連防守的地段上，他們已事先接獲警訊，準備好迎擊德軍。在與挺進的德軍步兵接觸後，美軍裝甲兵在凌晨3時至清晨6時間三度擊敗敵軍穿透防線的企圖。在天亮之前，第30步兵師A連的一個M10驅逐戰車排攻擊三輛已成功穿越美軍防線約達四百五十七公尺（五百碼）遠的德軍戰車；在接踵而至的戰車和驅逐戰車對決中，美軍設法擊毀了一輛德軍戰車，但本身也損失了一輛M10驅逐戰車，而剩下的兩輛德軍戰車則被擊中並冒出火燄，並退回他們的防線。

不過，裝甲教導師的攻擊尚未結束。在勒戴瑟賀特以西，大概有十輛德軍戰車（主要是四號戰車和豹式戰車）在一條從勒侯梅達賀廷內與拉夏赫勒梅西（la Charlemerie）間的十字路口出發、沒有鋪面的道路向北疾駛，並成功抵達拉塞樂希正南方的一處地點。A連第3排在這裡擊毀了帶頭的德軍戰車，把車隊擋了下來，不過本身也損失其中一輛M10驅逐戰車。隨著步兵援軍的抵達，加上為了要更有效應付德軍攻擊，A連的連長將麾下部隊重新編成能夠作戰的步

↓德軍步兵搭乘被國防軍擄獲並加以利用的法製雷諾（Renault）UE牽引車，後面拖著PAK35/36反戰車砲。

↑美軍步兵衝進聖恩斯村（St-Ensy）的大街。從被摧毀的建築物看來，德軍的衛戍部隊已經歷過盟軍猛烈的轟炸。

戰協同隊伍，設法擊毀了三輛德軍豹式戰車和一輛半履帶車，並以旺盛的火力逼使剩餘德軍撤退。

正當A連的戰車乘員和步兵與德軍戰車對決時，第899驅車戰車營C連仿傚了德軍在籬牆間運用的戰術，展開第一次行動，目標是一輛偽裝十分良好的豹式戰車，正沿著拉夏赫勒梅西附近一條公路移動；當這輛對前方戰況渾然不覺的

德軍戰車轉彎時，一輛M10驅逐戰車迅速地從其三英吋口徑主砲射出兩發砲彈，擊毀這輛豹式戰車，殺死其中兩位乘員，並驅散了伴隨的步兵。

這樣的行動在下午稍早時又再度上演，數輛C連的M10驅逐戰車對一輛豹式戰車開火。在緊接而至短暫但殘酷的對決中，兩輛M10驅逐戰車向豹式戰車猛撲而來，不過

豹式擊傷了其中一輛，並殺死其中三名乘員，而這輛德軍戰車也受到損傷；不久之後，另外一輛M10驅逐戰車的零距離射擊將兩發砲彈送入這輛殘破的德軍戰車中。在另一場遭遇戰中，一輛M10驅逐戰車設法擊傷了另一輛豹式戰車，結果這輛戰車滑出路面，衝進沿著公路兩旁伸展的路堤中，其乘員便棄車逃逸。第47步兵團第1營的步兵們不斷擊毀德軍戰車，於是這樣的場景在整個下午持續上演。

盟軍空中打擊

正當像是第899驅逐戰車營的美軍各戰車營和配備火箭筒的步兵小隊與德軍裝甲教導師的官兵們對決時，情勢到了十六時已變得十分明顯，美軍將可以守住戰線。由於P47雷霆式和P51野馬式（Mustang）戰鬥機在空中執行密接支援任務，第9師的官兵在聖洛前線設法擋住了德軍所有逆襲中這波最新、也可能是最危急的一次行動。總而言之，擊敗裝甲教導師的逆襲是步兵和裝甲部隊間，以及裝甲部隊和空中武力間協同作戰的最佳範例。光是在一次交戰當中，P47雷霆式和P51野馬式戰鬥機就摧毀勒侯梅達賀廷內附近十四輛戰車中的十三輛。事實上，這正如同美國陸軍官方戰史中所陳述的：

「空中和地面部隊的同心協力使裝甲教導師在16時的突破徹底失敗，第39及第47步兵團在不久之後奉命前進並重新佔領他們在當天早上的陣地；到了晚間二十一時，他們面對零星抵抗完成了任務，接著這兩個團依照指示在當天夜裡掘壕固守，準備即將在次日進行的攻擊行動。德軍逆襲最後的戰果，只不過是使第9師的前進時間表向後推遲了一天而已。[7]」

第30師在擊潰德軍進攻後，即使正在擊退沿著其正面突破的小股

分散德軍,仍設法至少在一塊區域持續前進。

　　儘管德軍發動攻擊,美軍第79步兵師仍設法在七月七日進入拉海伊迪皮,而第8師則接管第7軍的正面中央位置。其間,第90師在蒙地卡斯茨的森林地帶碰上決心抵抗到底的德軍,不過還是能夠在不利地形和德國守軍間殺出一條血路前進。在該軍的右翼,第79師再度在灌木樹籬間陷入停頓,防守的德軍設法使該師僅僅前進了一百八十二公尺(二百碼);最後,到七月十日,所有三個師開始面對現在理所當然且確實採取守勢的敵人向前推進。到了七月十一日結束時,第8

↓在諾曼第戰役期間,盟軍在戰區中擁有超過三千七百架戰鬥機與戰鬥轟炸機,包括本圖中的P51野馬式機。

軍已設法向拉海伊迪皮後方推進了約二千七百四十三公尺（三千碼），更重要的是裝甲教導師攻擊行動失敗，現在對布萊德雷和柯爾雷特將軍來說顯而易見的是敵軍的主抵抗線終究被突破了。

雖然戰鬥已導致傷亡數字超過五千人，使每個進攻師每日都承受數百人傷亡的損失，但對布萊德雷將軍來說再明顯不過的是，拿下聖洛此一目標已有正面進展。儘管第7軍的努力碰上同樣堅決的德軍反抗，不過一定要說明的是，到了七月十日時，德軍防線已顯示出被穿破和撕裂的前兆。第9步兵師的馳援和其在七月十一日立即投入戰場對抗德軍裝甲教導師堅決進攻行動的能力，讓第7軍有喘息的空間。

總結

不過，長達一個星期的激戰導致布萊德雷將軍奪取聖洛的願望再次向後推遲，從而使他更加期望突破。事實上，美軍士兵幾乎感覺不到有任何事物可以挽回對為了幾英里土地苦戰不懈的結果而感到失望的情緒。布萊德雷將軍避免一場僵局的渴望，僅能因第30和第9師在對上逢特和拉海伊迪皮的行動中帶來一些突破的希望而勉強地避開。然而如同布萊德雷將軍提到的：

「到了七月十日，我們在諾曼第真正面對第一次世界大戰式僵局的危險。蒙哥馬利的部隊以拿下岡城的北方郊區，但這座城無論如何都還不在他的控制之下，機場仍在他的掌握範圍以外，而我這裡的突

破已經踢到鐵板。儘管承受了巨大的人員傷亡和裝備損失，德軍如奴隸般遵守希特勒的命令，寸土必守；我們也遭受了嚴重的人員傷亡，在英軍的地段約損失了二萬二千人，在美軍的地段損失了超過三萬人。[8]」

第1軍團朝拉海伊迪皮和上逢特後方推進的失敗可歸咎於後勤、人力、盟國間的爭執和惡劣的天氣

等許多因素，不過真正的理由是德軍決定死守每一寸土地，逼迫第1軍團打一場消耗戰，這是大君主作戰的計劃人員在入侵計劃的原始設想中遺漏或忽視的。儘管諾曼第地段上的德軍部隊素質參差不齊，不過說希特勒的堅持到底命令發揮意想中的效果，導致即將到來的聖洛爭奪戰將會與先前已經在籬牆和田野間爆發的艱苦消耗戰如出一轍，

倒也有幾分準確度。

雖然向聖洛前進的速度緩慢，再加上多次挫敗，布萊德雷將軍仍開始為從科騰丁半島突破做準備，計劃當中有一部份包含由柯林斯少將的第7軍擔任矛頭，沿著狹窄的正面進攻，其首要目標就是攻佔聖洛和其重要的公路樞紐。就這樣，諾曼第血腥籬田區域最後一場大規模會戰的舞台終於佈置完畢。

↓1944年7月，美軍一個火箭筒小組掩護阿赫丹（Ardaine）森林中的一條道路。

第五章
贏得勝利

攻下聖洛，以及籬牆戰鬥結束；七月十二日至二十日，眼鏡蛇作戰的前夕和突破深入法國。

六月從頭到尾，美軍第1軍團歷經千辛萬苦，終於進入了聖洛這座重點城市的郊區。頑強且幾近狂熱的德軍抵抗在這裡終於向布萊德雷中將麾下美軍部隊的物質壓力低頭，勉強地讓出土地。當蒙哥馬利元帥的第21集團軍為了攻佔岡城而與黨衛軍的精銳部隊和上百個國防軍單位作戰時，布萊德雷將軍準備好一波狹窄正面攻勢，意圖「動搖」德軍的左翼。第1軍團這波重新展開的攻勢的主要任務內容，將由第29師執行，目標擺在跨立在聖洛至貝優高速公路兩旁的山嶺，然後是聖洛城本身。在其右翼，美軍第35師將在維爾河和伊斯尼至聖洛的高速公路間施加壓力，目標則為維爾河右岸；當第35師完成攻擊中其負責的部份時，第30師將沿著維爾河另一邊前進。在第29師左翼，第5軍的第2師將對192號山丘發動突擊，攻佔192號山丘一事相當重要，因為在突擊聖洛時，這座山丘可用來做為主要的砲兵觀測據點。

布萊德雷將軍對第7軍、第8軍和第19軍的野戰命令規定他們的攻勢應向東延伸，最後一個階段應為三個師穿越屏障聖洛的山丘進行協同攻擊。表定計劃的第一天是七月九日，由於敵軍的激烈抵抗和裝甲教導師的部隊穿透了柯爾雷特將軍第19軍的右翼，維爾河以東的進攻已經延期。不過美軍指揮官們在那時還不明白，裝甲教導師突破美軍戰線的失敗行動，是隆美爾元帥的第7軍團為扭轉諾曼第局勢的孤注一擲，這次失敗意味著盟軍在諾曼第海灘的集結作業將能繼續進行，越來越多的戰鬥單位和物資將被送上岸。

德軍的防禦

不過，聖洛城內和周邊地區的德軍部隊仍令人十分畏懼。第1軍團的G2部門（情報）已辨識出第2傘兵軍的主力，包括第3傘兵師的兩個團，分屬四個步兵團的單位和衰弱的第352師殘部。傘兵團在當中是比較棘手的，因為他們是由第一流的部隊組成，曾在奧瑪哈灘頭上協助阻止第5軍最初的突破，且接下來擋住了到目前為止對192號山丘的每一次進攻。德軍步兵單位組成戰鬥群，平均約有四百至五百人，來自三個個別的師。例如，其中一個戰鬥群由屬於第353師三個

←聖洛最後在7月18日落入第1軍團手中。步兵和裝甲部隊（來自第2師或第29師）從北邊沿著伊斯尼－聖洛公路小心翼翼地進入該城，不過攻佔該城的主要攻擊路線卻是來自東邊。

營的單位組成（該師的主力正在蒙地卡斯式附近地區戰鬥）；第二個戰鬥群約由第266師三個營組成，還有包括第352師殘部在內的戰鬥群，在七月七日經過估計只有八百人。不論是步兵還是傘兵，都可以得到二十四門一〇五公釐榴彈砲、十二門一五〇公釐榴彈砲、一個連的一五〇公釐多管火箭發射器和兩個連的可怕八八公釐平高兩用砲的支援。第2傘兵軍儘管如步兵般英勇無畏，卻沒有裝甲部隊支援。[1]

正當裝甲教導師的戰車攻擊美軍防線時，德軍為了拉直防線，發動數波小規模攻擊，不過這些攻擊沒有像維爾河後方裝甲教導師的大規模攻擊那樣激烈。這些攻擊當中有一次是由第9傘兵團第1營負責，把目標鎖定在第115步兵團第1營，該營在一陣砲兵和迫擊砲火力的支援下，迅速橫掃了第115步兵團的前進據點。第1營把所有三個連排成一列，防守一條寬廣的正面，德軍的攻擊則落在A連和B連之間。剛開始時，當這兩個步兵連不顧一切地奮戰，避免被敵軍突破時，德軍傘兵切斷並殲滅了兩個排，該場戰鬥的生還者們還記得士官和軍官、砲手和士兵集結成小群戰鬥，以爭取勝利。

到了七時三十分，德軍留下陣亡的弟兄，放棄攻擊並撤出戰場，在攻擊中，第115步兵團和德軍傘兵各損失約一百人；德軍第5傘兵團對第2師的官兵進行了一次類似的攻擊，儘管攻擊行動在一開始時多少使美軍感到驚駭，但傘兵們的

突擊卻無法擾亂第2師預定對192號山丘的進攻行動。

布萊德雷將軍奪取聖洛的計劃以佔領周圍的高地揭開序幕，這是為了讓砲兵在開始對攻擊的各師進行火力支援時，可以擁有不被阻礙的觀測視野。佔領高地的一部份行動已經被分配給蓋爾哈特少將指揮的第29步兵師，和由瓦爾特‧羅伯茨少將（Walter M. Roberts）指揮的第2步兵師，當第29師保護其左翼時，第2師的官兵就將進攻192號山丘。

根據美國陸軍對會戰的官方描述指出的，第2師「被認為是一個優良單位」，其師長面對攻頂途中所會遇到的問題沒有任何幻想，而他麾下的部隊在六月已企圖進行一次英勇的攻擊，但被德軍猛烈抵抗擊退。不過，在這第二次突擊之前，第2和第29師的士兵們已經歷過一個月之久的籬牆戰鬥，使他們面對橫在眼前的阻礙時變得更有作戰智慧。在六月十六日至七月十一日這段期間，第2師已演練過攻佔192號山丘的戰法，因而充分了解到密集訓練步戰協同戰術、精準的砲兵和空中支援的需求。事實上在砲兵的例子中，射擊計劃的基礎是去計算每邊長九十一公尺（一百碼）的正方格的數量，在突擊的過程中，這些方格的繪製是用來確保合適的步砲協同。至於在對付籬牆的時候：

「策劃戰車、步兵和工兵協同小隊的目的是處理作為一道新發起線的籬牆。當工兵炸出一個可讓戰

車通行的缺口時，戰車就會駛進田地，並用其七五公釐主砲向田地的各個角落開火，還會向前方的兩側籬牆掃射，以掩護步兵斥候沿著中軸的樹籬前進。」

「這些步兵斥候將由白朗寧自動步槍射手掩護，四人爆破小組中的兩人跟在後面，而工兵和步兵班的班長將選擇戰車越過下一道障礙的最佳位置。將安裝戰車車身後方特製的EE-8型話機，並與戰車對講機系統連線，以供戰車和步兵間行動時的通訊使用。在前進的時候，兩名工兵將留在戰車旁邊以保護戰車，監視側邊的籬牆，並在必要時射擊，以壓制敵軍的火箭筒小組。在靠近發起線的地區，靠美軍那一邊的籬牆路堤會被小心翼翼地挖開，只留下一個空殼子，讓戰車在進攻當天可以直接推開。[2]」

為了最有效地運用這些新發展出來的戰術，羅伯茨少將下令他的師為即將進行的突擊行動實施特別訓練：

「（此一訓練強調）戰車、步兵、工兵要能夠精通在籬牆地形中應用爆破、火力和速度戰術。為了在攻擊中達到一定的速度，部隊會在籬牆土堤上挖洞，大到可以讓戰車通過，做為發起線出發口，只在

↓德軍一輛四號突擊砲從營補給連的彈藥車隊補充其75公釐主砲的砲彈。

面對敵人的那一側留下一層薄薄的土殼；當進行攻擊時，戰車就可以只依靠自身的動力衝破並穿越。在衝破挖空的籬牆後，戰車兵們希望在反戰車武器能夠集中過來之前，靠近下一排籬牆後的德軍。[3]」

　　由瑞爾夫‧茨威克上校（Ralph W. Zwicker）指揮的第38步兵團奉命進行主要突擊任務，並獲增派了三個戰車連和兩個重迫擊砲連。支援第38步兵團的是第23步兵團〔傑‧拉夫雷斯中校（Jay B. Loveless）〕，該部將會派出一個營越過目標的東面斜坡。由切斯特‧希爾許費爾德上校（Chester J. Hirschfelder）指揮的第9步兵團

則被安排擔任該師進攻時提供支援火力的角色。除了陸軍航空隊（Army Air Force）戰術飛機的密接空中支援以外，該師還會有砲兵和戰車支援。

猛烈抵抗

　　正當攻擊展開時，第38步兵團的士兵立即遭遇大量敵火射擊，至少暫時阻止他們抵達發起線。會有這樣的狀況，部份原因要歸咎於德軍已預先考慮到美軍突擊前砲兵準備射擊的長度，並稍微後撤，直到砲擊結束，然後他們就重新佔領陣地，以迎擊預期中即將來臨的攻擊。德軍攜帶的鐵拳使他們在這裡

↑第82空降師的一名醫護兵在聖梅赫埃格利斯（St Mere Eglise）──第一批被解放的村莊之一──附近照料一位德軍傷兵。德軍的傷亡數字在夏季期間急遽升高，到1944年9月時估計已達五十萬人。

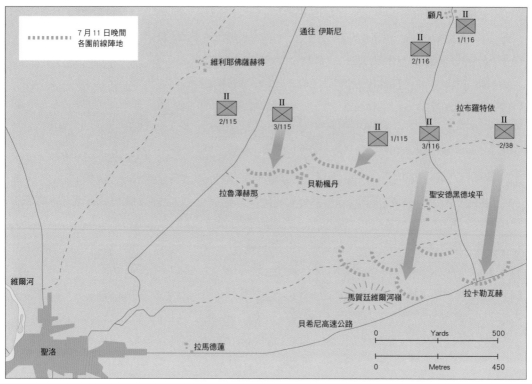

顧凡

II
1/116

通往 伊斯尼

II
2/116

維利耶佛薩赫得

拉布羅特依

II
2/115

II
3/115

II
1/115

II
3/116

II
2/38

拉魯澤赫那

貝勒楓丹

聖安德黑德埃平

維爾河

馬賀廷維爾河嶺

拉卡勒瓦赫

貝希尼高速公路

0　　　　　Yards　　　　500

聖洛

拉馬德蓮

0　　　　　Metres　　　450

↑蓋爾哈特將軍從東面側翼迂迴聖洛的計劃。儘管德軍對第115步兵團發動逆襲，但到了7月12日第116步兵團已在馬賀廷維爾河嶺的高地上。

能夠阻擋伴隨第38步兵團的六輛戰車，此舉迫使步兵們放棄他們計劃好的「挖空」離牆戰術，並進行代價高昂的正面突擊。在重砲兵對目標射出二萬發、總重達四十五噸（四五‧五公噸）高爆彈的協助下，雖然速度十分緩慢，美軍步兵帶著頑強的決心堅定向前推進，終於登上了192號山丘的斜坡。十二名第38步兵團的士兵進攻一處經過大幅強化、被稱為「德佬轉角」（Kraut Corner）的陣地，該處配有一門反戰車砲，由傘兵把守。在接下來的混戰中，因為三名拒絕投降的傘兵被一輛推土戰車直接活埋，另外十五名傘兵因而投降。

如同羅伯茨將軍向第1軍團司令部報告的：「我們有場硬仗要打……（但是）……進度一下在這裡中斷，一下在那裡中斷。」[4]儘管德軍進行強力、有時甚至是自殺性的抵抗，第38步兵團的士兵們終於在當天中午登上192號山丘的山頂。不久之後，德軍脫離接觸並後撤，並且只對向南坡前進展開襲擊的美軍進行輕微抵抗。第38步兵團的部份部隊在就一處離高速公路不遠的周邊防禦陣地掘壕固守，並以步槍和自動武器的火力掩護道路；該團的其他單位則劃分成小型突擊群，分頭滲透越過道路，馬上進佔南方的高地。

其間，第23步兵團的一個營從側翼迂迴一座被美國大兵戲稱

為「紫心抽獎」（Purple Heart Draw）的小峽谷，戰車在這兒對可能藏有德軍據點的可疑房舍開火。數發槍榴彈幸運地在正確的高度爆炸，在敵軍人員操縱的武器上方達到空炸效果，打擊了據守籬牆的敵軍。到了下午稍晚的時候，該營已越過192號山丘東坡，並取得可俯瞰貝希尼（Berigny）高速公路的陣地。

當晚，在還不明白麾下部隊已經從192號山丘山頂上的陣地撤退的情形下，第7軍團司令豪塞爾上將下令第2傘兵軍司令、傘兵上將歐根‧麥英德爾（Eugen Meindl）不惜一切代價防衛該陣地，不過為時已晚，美軍砲兵已在192號山丘的山頂部署完畢，並對貝希尼公路發射致命的火力。

七月十二日，第2師因為忙著鞏固位於192號山丘山頂上和貝希尼公路以南的新陣地，因而幾乎沒有前進。美國陸軍官方戰史提及，在聖洛附近地區被第19軍牽制住的德軍「終於因為美軍停止進攻而鬆了一口氣……（為了）……大部份德軍指揮官感覺如果第2師繼續向南攻擊，美軍將完成一次徹底的突破。」[5]儘管代價不菲，第2師攻佔192號山丘的實績，是向拿下聖洛的目標邁出了第一個大步。在為期兩日的戰鬥中，該師共有六十九人陣亡、三百二十八人受傷和八人失蹤，不過卻奪得了聖洛地段中最佳的觀測點，美軍從這個觀測點可以俯視面向第19軍目標的馬賀廷維爾河嶺。

攻佔聖洛的初步計劃

在六月初，布萊德雷將軍執行攻佔聖洛的原始方案，包括第19軍在維爾河東側進攻，接著是七月三日第8軍、七月四日第7軍在科騰丁半島上的主攻，還有第19軍在七月七日佔領維爾河上一座橋頭堡的企圖。而德軍的抵抗，主要是來自於穿越籬牆區域迂迴前進和缺乏適當的預備隊，迫使布萊德雷將軍把起初打算在七月九日攻佔聖洛的計劃，在四十八小時內延長兩次而不是一次。這位第1軍團司令提到由於抵抗的性質、和他麾下單位的實力，攻佔聖洛將需要至少兩個師共同進攻，才能在深入後相互協助。

隨著第35師的抵達，以及可動用身經百戰的第29師，布萊德雷相信他現在擁有足夠的力量拿下聖洛。第29師和第35師位於離聖洛僅僅六‧四公里（四英里）處，防守正面達一二‧八公里（八英里）、從拉莫福經維利耶佛薩赫得延伸至顧凡－卡羅維黑（Calvaire）公路的陣地，而聖洛就恰恰位在第19軍作戰區的中央。為了攻佔聖洛，該師將前進至該城以西的河川線，以及貝希尼公路，也就是該城向東的出入孔道。

作戰方案要求第29師和第35師在一個狹窄的正面上並肩進攻，劃分這兩個師攻擊範圍的界線，將從維利耶佛薩赫得出發，沿著122號山丘的西側基線，然後直到維爾河的河彎處為止。右翼上的第35師將移動至幾乎就在聖洛西北邊、長達

三・二公里（二英里）的維爾河流域，而第29師將攻下聖洛城。當一個中砲兵營將支援第19軍在維爾河以西的攻擊時，該軍剩下的砲兵、共計有四個營的一五五公釐榴彈砲和一個擁有四・五英吋野戰砲和八

英吋榴彈砲的營，將協助對聖洛的攻擊。為了確保拿下該城，柯爾雷特將軍指派一個額外的中砲兵營至蓋爾哈特將軍的第29師。

當第2師還在奪取192號山丘和旁邊的貝希尼高速公路中時，蓋爾

→7月時，美軍步兵們突擊一棟控制著通往聖洛的公路的房舍。

哈特將軍的第29師和剛抵達的第35師正準備突擊馬賀廷維爾河嶺山頂上的德軍陣地，這是能夠幫助拿下聖洛的另一處戰略位置。從D日的奧瑪哈灘頭開始就已經在諾曼第作戰的第29師，現在主要是由身經百戰的老兵組成，事實上他們都曾經參與六月時第一次奪佔聖洛卻毫無戰果的計畫，蓋爾哈特將軍和助理師長科塔准將開始為眼前任務讓部隊做好準備。

在他這部份，蓋爾哈特將軍將部隊重新編為小型的戰車、步兵、工兵協同隊伍，並根據一份內容十分詳盡且精心安排的計劃演練他們的協同行動，每一塊籬牆田地均指派一個步兵班和一輛戰車，而每一個步兵排或三塊田地會分配到一個工兵班；他也指示師的工兵連將鐵叉焊接在戰車上，這樣一來它們就可以在籬牆土堤上戳出洞來，以便安置炸藥。科塔將軍也監督新戰術步驟的演練，在當中重點集中在訓練步兵們直接穿越以籬牆接壤的空曠田地中央的，而不是沿著軸線的籬牆移動。藉著這樣的機動演習訓練步兵，科塔將軍曾希望美軍士兵們能夠避免被沿著軸線的敵軍縱射火力襲擊，因為在過去的時間裡，各步兵班和步兵排一般來說太常被德軍設置在田地角落裡的自動武器火力釘死。[6]戰車被期待不論提供什麼樣的協助，都能夠應付灌木樹籬；裝備了鐵叉和「犀牛」裝置後，現在美國大兵們看起來有了一種有效的手段，可以對付隱藏在灌木樹籬間的德軍陣地。

對馬賀廷維爾河嶺的攻擊於七月十一日展開。蓋爾哈特將軍的機動戰方案要求主力應指向左側或東側，因此他把小戈德溫・歐得維上校（Godwin Ordway, Jr.）指揮的第115步兵團部署在該師右翼，位

→在聖洛以北的122號
山丘上,第35師的步兵
在離牆遮蔽下小憩片
刻。

在122號山丘北邊和東北邊的一道
寬廣正面上。雖然所有三個步兵營
將並列進攻,蓋爾哈特計劃盡全力
奪取馬賀廷維爾河嶺。藉著守住聖
洛以東的高地,美軍部隊之後將可
以用包圍或從南邊加以孤立的方
式,威脅122號山丘山頂上的德軍
陣地,將轉而迫使敵軍不只從山頂
的陣地、還要從聖洛撤退,使美軍
砲兵可以砲擊撤退中的德軍部隊。

蓋爾哈特將軍命令由康漢上校

指揮的第116步兵團沿著該師左側
界線附近一道狹窄的正面向南進
攻,直抵馬賀廷維爾河嶺;一旦到
了那裡,該團就會轉向右側,然後
面向該城東緣襲擊馬賀廷維爾河
嶺。同一時間,第115步兵團將沿
著伊斯尼-聖洛公路向122號山丘
發動一次牽制攻擊,並保護該師
的右翼。由歐利‧瑞德上校(Ollie
W. Reed)指揮的第175步兵團將準
備好擴大這兩個團的戰果,不是在

馬賀廷維爾河嶺，就是從122號山丘出發。

正當蓋爾哈特將軍的部隊準備進攻時，第19軍的死對頭第2傘兵軍和裝甲教導師在七月十一日的頭幾個小時裡發動了一波牽制攻擊，目標是第115步兵團一個連級單位駐守的弱點。德軍的攻擊在兩個連的傘兵和戰鬥突擊工兵支援下，暫時看起來可能會動搖美軍的攻擊計劃；不過當小群的士兵擊退德軍突擊後，後者基於一些無法得知的理由，脫離接觸並退回他們先前的陣地。

儘管德軍的進攻只不過是一次襲擊，蓋爾哈特將軍卻相信這可能是在暗示德軍一次大規模逆襲的集結行動，將能使他們更有效地防衛聖洛；至於襲擊本身使第115步兵團蒙受超過一百人傷亡的損失，更重要的是擾亂了他們所策劃向馬賀廷維爾河嶺的「出擊」，直到當天下午稍晚才展開。一如預期，第115團的士兵們受到籬牆的阻礙，沒什麼進展。

其間，蓋爾哈特將軍的攻擊在當天上午稍早時依時間表展開，第116步兵團的兩個營在一陣猛烈砲擊後，排成縱隊出擊，德軍的頑強反擊和地形再度使美軍舉步維艱。當該團的四・二英吋口徑迫擊砲開火轟擊馬賀廷維爾河嶺，戰車在卡

↓當第116步兵團朝馬賀廷維爾河嶺挺進時，其左側的第38步兵團攻下192號山丘，並切斷通往東邊的貝希尼高速公路。

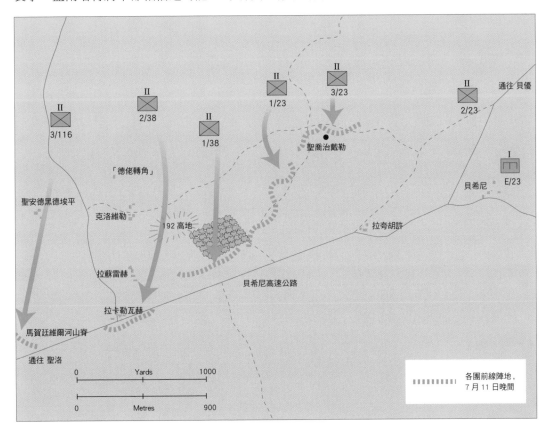

在通往聖洛的公路上，一支美軍摩托化車隊在前方遭遇敵軍後停下，但危險在於這可能是德軍伏擊行動的序幕。

↓到了7月12日，聖洛北面和東面的道路均已落入美軍部隊手中，當包圍圈縮緊時，德軍俘虜的數目便增加了。

羅維黑公路上擊毀一輛自走砲之後，步兵們終於抵達第一道主要障礙的前方，也就是一條低於四周地面、佈滿地雷且有自動武器掩護的道路。

當戰鬥以一道又一道的灌木樹籬為中心漫延開來後，前進速度在這裡就大幅降低。經過將近五個小時的漫長戰鬥，該團只佔領了六道籬牆。當第2師攻下192號山丘並迫使敵軍匆匆撤退的消息傳來，德軍的抵抗就突然崩潰了。然後，第

116步兵團的步兵立即向南移動至馬賀廷維爾河嶺，接著轉向右方，並開始朝聖洛方向下山。到當天結束時，該團的預備營和一個連的M4雪曼戰車已在馬賀廷維爾河嶺的南坡挖掘壕溝，於第2師的左翼

建立了一處阻截陣地，可以俯視通往聖洛的貝希尼公路，現在勝利已經伸手可及。

隨著美軍攻克192號山丘和馬賀廷維爾嶺上的陣地，蓋爾哈特將軍從東、南兩面側翼迂迴122號山丘的努力有了成功的希望。第2師現在已就定位，將朝聖洛移動，並切斷122號山丘。蓋爾哈特將軍通知預備隊第175步兵團在七月十二日進行一次超越接替行動，穿過第116步兵團，並從東面沿著貝希尼高速公路朝該城強攻。

猛烈砲兵火力

不過對第116步兵團的官兵來說不幸的是，地形和德軍不會乖乖和他們合作，籬牆和果樹林點綴的開闊田野完全起不了保護作用，德軍縱射火力使挺進的單位暴露於猛烈砲火下，在一個例子中，當第29師向前推進時，損失了將近五百人。事實上，第2師和第29師在122號山丘與馬賀廷維爾河嶺上的戰鬥中，從頭到尾都必須穿越德軍的交叉射擊火網，蓋爾哈特少將唯一的慰藉是他佔領了馬賀廷維爾河嶺的南坡，從而可以沿著貝希尼高速公路移動，並進入聖洛。蓋爾哈特將軍和參謀們做出結論，認為他將得對聖洛發動直接突擊，並拿下該城。他在七月十一日晚間指示康漢上校向前推進，且如果可能就攻下聖洛，逐漸變暗的天色和掘壕死守的德軍將是他的主要障礙。

至於德軍的防禦方面，雖然敵軍指揮官們對七月十一日早晨的戰

術局勢「絲毫不關切」，但此一狀況到了中午就改變了，因為192號山丘現在已被美軍佔領，裝甲教導師的攻擊也被擊退；此外，雖然德軍仍堅持固守聖洛周邊的陣地，但城內及周圍地帶的德軍軍力已大幅衰退，美軍砲兵是其力量衰退的罪魁禍首。第2傘兵軍報告，其整條戰線已因砲擊而陷入一片火海，而第3傘兵團則報告其人員已降至規定員額的百分之三十五，與傘兵們並肩作戰的第352師戰鬥群則由一千人縮減至區區一百八十人。其間，麥英德爾將軍請求從不列塔尼調來預備隊，但被斷然拒絕；豪塞爾上將雖然拒絕麥英德爾的要求，卻堅持傘兵們應不惜一切代價守住馬賀廷維爾河嶺，麥英德爾將軍因此尖銳地向豪塞爾抗議，「如果他們要對抗美軍的壓力，某人馬上就要想出一套絕佳的計劃。」[7]

七月十二日，第29步兵師恢復攻擊，由於德軍增強抵抗，因此進展很少。在右翼122號山丘上的德軍時時戒備的狀況下，第115團沒有預備隊，卻在一道寬廣的正面上伸展開來，能做的只不過就是維持壓力並承受人員死傷；在左翼，第175步兵團因為德軍的砲擊，無法越過第116步兵團並進入可向馬賀廷維爾河嶺長驅直入的位置。德軍的砲兵和迫擊砲火力使該師動彈不得，並造成重大傷亡。

不過正當第175團準備進行部署時，敵軍火力開始以驚人的速率消耗第29師。在七月十二日的夜間，各團的團長開始強烈懷疑攻擊

是否能成功，他們也通知蓋爾哈特將軍目前的整體狀況比較適合建立堅固的防禦陣地，以等待預期中的敵軍強大突擊。

第35師與122號山丘

在這場苦鬥中，相較於第2師和第29師的身經百戰，第35師只是個新手，接著就要深入籬牆間了。該師在七月五日至七日進入法國，並在七月九日至十日間離開集結區，進入維爾河以東的指定地段。第35師由保羅‧巴德少將（Paul W. Baade）擔任師長，據各方的看法都是一個訓練有素的部隊。雖然裡面有曾在北非和義大利戰鬥過的老兵，也有補充人員，但該師對即將進行作戰並穿越的地形所知有限，也對該師在抵達其122號山丘上的目標前，將會越過在當地三‧二公里（二英里）寬籬牆間的德軍防務不甚了解，因而受到阻礙。

巴德將軍的師於七月十一日清晨六時展開攻擊。在進攻之前，德軍砲兵砲轟了第35師在維爾河附近和沿著整個師集結區的攻擊發起陣地，不過攻擊行動仍準時展開，第137步兵團的兩個營穿越致命的德軍火網一同進攻。該團團長賴恩上校（Layng）馬上就被一顆德軍機槍子彈擊中負傷。沿著整道正面，美軍步兵遭遇包括中砲兵和八八公釐砲支援在內的密集機槍和迫擊砲火力襲擊。在獲得初步進展後，攻擊行動卻開始在聖吉勒陷入泥淖，因為第137團第1營闖入了如迷宮般錯綜複雜的德軍掩體，包括該鎮前

→德軍衛戍部隊明白通往聖洛的公路至關重要，並冷酷地用迫擊砲、砲兵與輕兵器對準它們射擊。

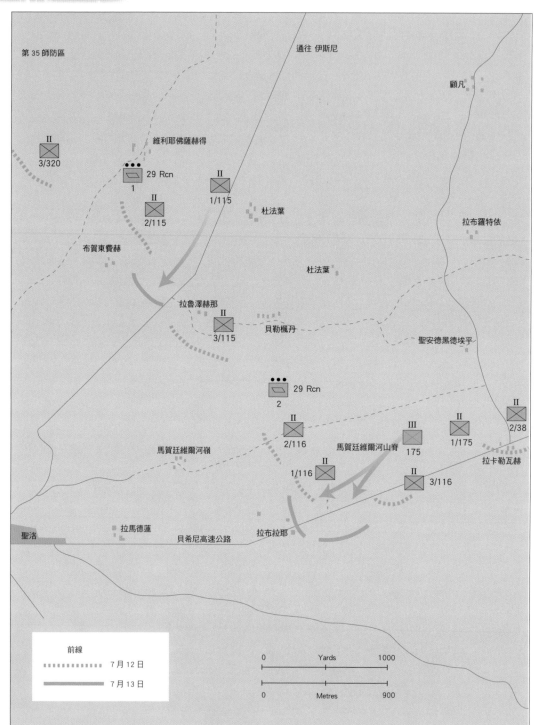

第 35 師防區

通往 伊斯尼

顧凡

維利耶佛薩赫得

II
3/320

29 Rcn
1

II
2/115

II
1/115

杜法葉

拉布羅特依

布賀東費赫

杜法葉

拉魯澤赫那

II
3/115

貝勒楓丹

聖安德黑德埃平

29 Rcn
2

II
2/116

II
2/38

馬賀廷維爾河嶺

馬賀廷維爾河山脊

III
175

II
1/175

II
1/116

拉卡勒瓦赫

聖洛

拉馬德蓮

II
3/116

貝希尼高速公路

拉布拉耶

前線

.... 7 月 12 日

———— 7 月 13 日

0   Yards   1000

0   Metres   900

方一座要塞化的教堂在內。

　　當該營來到離教堂和墓地不到四十五公尺（五十碼）處時，德軍便以強大火力集中射擊，即使美軍投入了第137團第3營、再加上師和軍砲兵的砲擊，德軍還是守住了陣地；更往東，第137步兵團第2營也在德軍的主抵抗線前遭遇同樣強烈的抵抗。事實上為了對付第2營，德軍運用了在六月間的籬牆戰鬥中證明有效的戰術，他們試圖以自動武器火力封鎖進攻單位沿著側面籬

牆向前方的移動，然後如果成功釘住進攻的美軍步兵，他們就會呼叫砲兵或是等待突擊砲現身，而迫擊砲就以致命的轟擊火力覆蓋側面籬牆。

優越的德軍戰術

　　第320步兵團在剛開始穿越籬牆地形進軍時，也有類似的經驗，特別與旗下一個步兵排有關。E連的一個步兵排淪為德軍部署在這塊地區外圍的重迫擊砲的犧牲者，步

↑一個步兵班在聖洛附近的鄉間道路上前進時，經過車輛的殘骸。該城四周的戰線不斷地變動，即使美軍部隊報告已「掃蕩陣地」，但敵軍行動依然持續著。

←7月12日至13日，第29師從馬賀廷維爾河嶺進攻。

↑P47戰鬥轟炸機的飛行員們在他們的戰果上留影：一輛被炸毀的豹式戰車。

兵排所有的人員除了十四個人之外非死即傷，敵軍的砲兵火力也切斷了電話線，使得前進期間就算不是完全不可能通訊，也變得更加困難，因而嚴重影響到攻擊行動的指揮和管制。

七月十二日，第137步兵團繼續前進，卻因為德軍頑強的抵抗而動彈不得。當第1營設法在十一日「整頓好」其北側翼時，便在十二

日伴隨一波「滾動彈幕」進攻，並設法強行通過了教堂和周圍的房舍；第3營繞過教堂和墓地，但卻在更南邊的地方遭遇頑強抵抗，只有些微的進展。

第2營在拉柏第費賀（La Petite Ferme）的石屋群周圍與德軍持續進行慘烈巷戰，石屋群在整個下午間數度易手。指派給每個營的兩輛M10驅逐戰車已證明無法摧毀籬牆間敵軍頑強據守的陣地，該團的進展慢到只能以碼來計算，而第320步兵團從其第二個發起陣地出發，僅前進了約二百七十四公尺（三百碼）。

七月十三日，第35步兵師兩個負責攻擊的團重新展開攻勢，但成效甚微。德軍採用了一套精巧詳盡的縱深防禦計劃，建立了許多前哨防衛據點，並派出裝備迫擊砲和機槍的戰鬥突擊小組駐守。第137步兵團第2營和第320步兵團第1營均攻向勒卡立隆附近這個德軍複雜的防禦網中心。

同一天，第137步兵團第2營沿著流經陣地西側的溪流，同時跨越兩岸向南進攻，G連在左而E連在右。每個攻擊的營均被分配到一個重機槍排和一支八一公釐迫擊砲小隊，可供其調度使用（每個營都有一個中型戰車可用），戰術則包括以迫擊砲對可疑的敵軍陣地進行猛烈的集火射擊，然後數個由四至五名步兵組成的小組進攻，他們攜帶大量手榴彈與槍榴彈，在敵軍陣地周圍奮力前進。

到當天結束時，E連前進了五百四十八公尺（六百碼），不過G連仍遭遇強烈抵抗，從其發起陣地只移動了約三百二十公尺（三百五十碼），這看起來就是解決之道了。德軍的砲兵、機槍和迫擊砲火

力仍從能俯視東南方的高地上騷擾進攻部隊。當攻擊持續至七月十四日時,由於德軍抵抗增強,這兩個團的各步兵連根據摧毀的籬牆數目,而不是以碼為單位來測量他們的前進距離。當第137步兵團第2營的營長企圖進行較大規模的包圍時,美國大兵們遭遇德軍激烈抵抗;至於第320步兵團的進展更是少得可憐,他們遭遇壓倒性的抵抗,德軍部隊在122號山丘山頂上的觀測員協助下,可以隨時呼叫砲兵和迫擊砲痛擊進攻的美軍。

其間,七月十四日,美軍現在似乎終於粉碎了國防軍的主抵抗線,第19軍命令第35師全力向維爾河前進。依照這些計劃,巴德將軍

下令第137團排成一列展開攻擊,第1營在中央,第3營在其右側,且每個營都有一個排的雪曼戰車、一個排的M10驅逐戰車和師砲兵支援,攻擊行動穿越一處密集的雷區,在傾盆豪雨中於上午八時展開。幾乎就在戰鬥一開打的時候,這兩個營就遭遇德軍砲兵,主要是來自於八八公釐砲的毀滅性火力,以及同樣熾烈的機槍掃射,M10驅逐戰車如同突擊砲般作戰,對就在步兵正前方的籬牆猛烈射擊,設法摧毀了約十九處機槍掩體和四座迫擊砲陣地。當第1和第3營突破至埃貝赫特橋-聖洛高速公路時,美軍兇猛的攻擊終於在當天稍晚時突破了德軍的抵抗線;不過成功的代價

↓在聖洛以東三十二公里(二十英里)處佩希葉附近的聖日爾曼村周圍,裝甲騎兵單位的一個小組正穿越由德國傘兵防守的積水地帶。

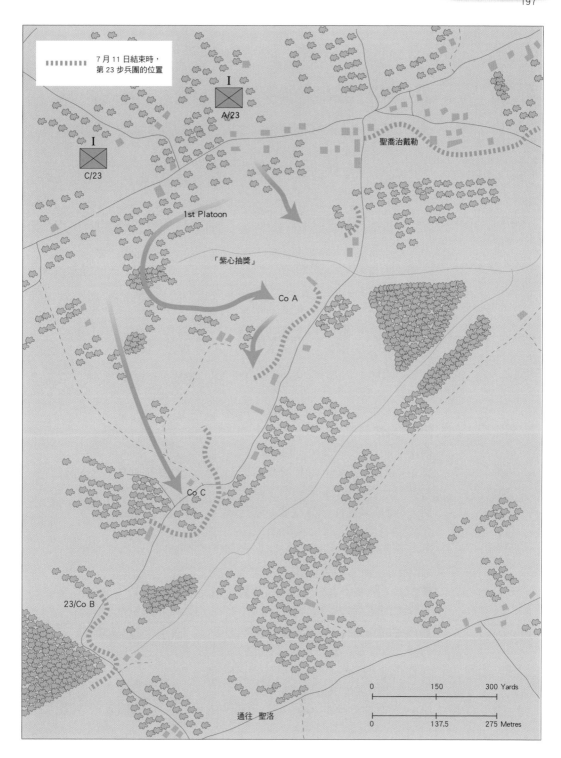

7月11日結束時，
第23步兵團的位置

A/23

C/23

1st Platoon

聖喬治戴勒

「紫心抽獎」

Co A

Co C

23/Co B

0　　　　150　　　300 Yards

0　　　137.5　　　275 Metres

通往 聖洛

十分高昂，一共損失了一百二十五名士兵和十一輛雪曼戰車，但第35師終究設法粉碎了德軍的防禦，從而使克魯格元帥對第7軍團的堅持到底命令進一步破產。藉由一步步破壞德軍的防務，並粉碎德軍主要由消耗殆盡的第352師殘部據守、且依賴側翼保持安全的主抵抗線，第35師在七月十四日的突破使第19軍深信，122號山丘面對現正越過廣正面前進的美軍，相互結合的壓力將使其無法再堅持更久的時間。巴德將軍現在集中兵力對付第352師，最後將突擊122號山丘。

同一時間，第137步兵團在對勒卡立隆的德軍據點進行側翼迂迴後，現在以一個可以對勒卡立隆和122號山丘進行雙重包圍的鉗形運動威脅122號山丘。為了完成包圍，柯爾雷特將軍從軍預備隊中釋出第134步兵團，並指示巴德拿下高地；為了一舉成功，巴德打算讓側翼的兩個團一起進攻。當第320團控制住勒卡立隆的德軍時，第137團將穿越埃貝赫特橋－聖洛公路前進。第134步兵團由巴特勒・米爾頓貝爾格上校（Butler B. Miltonberger）擔任團長，將向前移動，直接突擊122號山丘。兩翼上的成功將制壓勒卡立隆的陣地、消滅122號山丘，並朝該師最終的目標，也就是維爾河兩個曲流間的平直河道，打通一條便道。

不過德軍尚未被徹底擊敗，當第35師恢復攻擊時，他們設法造成第137團傷亡一百七十七人。現在一切都取決於第134團，他們在

←一輛M5斯圖亞特輕
型戰車駛過向海灘前進
的德軍戰俘隊伍；注意
戰車後方車體上的白色
飛機識別標誌。

→在佔領聖洛東邊的公路和山嶺後，第29師在第35師的支援下開始從北方推進，其下一個主要目標是122號山丘。第35師第134步兵團將在7月16日領導突擊行動。

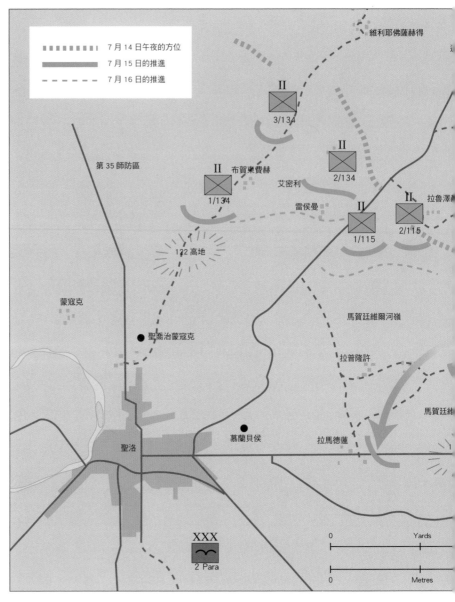

遭遇同樣猛烈的敵軍抵抗後，終於能夠跟在一道滾動彈幕後面，殺出一條路進入艾密利（Emelie）的農舍；到了下午，第134團便控制了整座艾密利村。到了晚上，艾德蒙‧塞伯利准將（Edmund B. Sebree）與第737戰車營的分隊，和第60工兵營的一個連組成一支機動特遣隊，面對激烈的抵抗，一路攻向122號山丘，在七月十六日的頭幾個小時中擊退德軍一次強力逆襲後，122號山丘終於牢牢地落入第35師手中。

第35師攻克122號山丘象徵著

聖洛會戰開始邁入尾聲，更重要的是籬田區域的戰役也即將結束；而隨著122號山丘山頂堡壘的陷落，德軍在聖洛周圍的防禦開始崩潰。到了七月十七日，第137步兵團終於在其向南朝維爾河挺進的過程中，設法突破越過了埃貝赫特橋－

聖洛公路；同一時間，第320步兵團則掃蕩了幾乎被德軍放棄的勒卡立隆地區。[8]

霍伯斯的師

　　當第29與第35師步步進逼攻向聖洛時，第30師也繼續向目標奮力前進，即陶特河和泰賀特河（Terrete）間的南北縱走山嶺。當該師朝泰賀特河移動時，霍伯斯將軍的部隊沿著河流開闊的側面殺出一條路前進，與籬牆縱橫糾纏、根深柢固的德軍防禦工事一直讓他驚愕不已。當他們企圖進入埃貝赫特橋－貝勒蘭得（Belle-Lande）地區並佔領聖洛高速公路上的橋樑時，致命的敵軍火力硬生生逼退了裝甲部隊和步兵。第2傘兵軍的組成單位、黨衛軍第2裝甲師、第902裝甲擲彈兵團（隸屬裝甲教導師）與第3傘兵師的偵察營早就等在這裡了；事實上，如同第30師G2部門現在相信該師實際上已經踏進有如「蜂窩」的德軍陣地，因為其報告指出，第30師正攻進「暴風眼」，該地似乎是黨衛軍第2裝甲師的預備地段。到了七月十四日，經過三天的攻擊，該師蒙受慘重傷亡，霍伯斯將軍下令該師就地堅守，等待朝向聖洛最後一擊的相關準備作業完成，也就是第1軍團全面性突破計劃的一部份。

　　對布萊德雷將軍來說，攻下聖洛是他突破諾曼第鄉間地區並開始向塞納河進軍的計劃關鍵所在。六月二十七日，在與蒙哥馬利元帥的一場參謀會議中，布萊德雷和這位

第21集團軍司令均同意，朝向塞納河的主要突穿行動將由美軍第1軍團發動，而邁爾斯‧鄧普西中將（Miles C. Dempsey）指揮的英軍第2軍團將持續壓制岡城城內及其周邊地區的德軍裝甲部隊。9戰鬥再一次將取決於美國大兵的不屈不撓及克服德軍頑強抵抗的能力。

攻佔聖洛

隨著第35師的士兵奪取122號山丘，部隊裡不分官階大小，人人都相信攻佔聖洛和結束籬牆戰鬥近在咫尺；不過，當第115步兵團的士兵們發現他們在七月十五日沿著伊斯尼至聖洛公路繼續進攻，第116步兵團沿著馬賀廷維爾河嶺的山頂堅定推進時，這被證明是一個幻想。攻擊行動恢復後不久，就因為敵軍火力旺盛、加上高層總部指管效果不佳而再次陷入停頓。儘管第9戰術空軍司令部進行了密接空中支援，第175步兵團也發動牽制攻擊，第116步兵團還是因為來自南邊的敵軍縱射火力而損失了七輛中型戰車。結果，由於與第35步兵師間缺乏通訊，使得第115步兵團的部隊對隸屬於第35師的美軍部隊開火。正當蓋爾哈特將軍激勵部屬們奮勇向前，並告訴他們「無論如何」該師將繼續朝聖洛推進，面對德軍逐步升高的抵抗，第29師的攻擊還是停了下來。

不過蓋爾哈特將軍有所不知，當第29師師部因害怕其下單位有被切斷的危險，而下令當天夜裡停止前進時，第116團的兩個突擊營沿

著馬賀廷維爾河嶺進展卻相當順利。雖然有一個營遵循了命令，另一個由希尼‧賓漢少校（Sydney V. Bingham）指揮的營卻無法和前進單位聯絡上，他們正在離聖洛邊緣不到九百一十四公尺（一千碼）的貝希尼高速公路兩旁地帶組織陣地。

鋼雨

過沒多久，德軍砲兵和迫擊砲就開始轟擊賓漢少校的營，儘管德軍步兵也徹夜發動一連串猛烈逆襲，但美國大兵們仍頑強地防守佔領的土地。事實上，由於德軍砲兵、迫擊砲和自動武器的火力過於強大，企圖接觸這個被孤立的美軍營的兩個團均被阻擋下來。賓漢的單位位置過於危險暴露，以至於美軍大部份指揮官們都認為任何救援該營的企圖根本和自殺沒兩樣。然而美軍和德軍一樣，都認為這個營的出現暗示著聖洛之戰已接近尾聲。

可是如同柯爾雷特、蓋爾哈特和霍伯斯將軍所承認的，德軍的抵抗仍然十分兇猛，就如同三個師針對馬賀廷維爾河嶺和聖洛防務的行動沒有實質進展所表明一樣。簡單地說，在眼鏡蛇作戰（Operation Cobra）、也就是布萊德雷將軍突破諾曼第鄉間地區的大膽計劃展開之前，是否能抵達聖洛還存有部份疑慮，布萊德雷將軍需要聖洛，主要是為了控制該地的維爾河渡河點，以封鎖德軍對他衝出諾曼第的作戰的側翼發動逆襲。因此，結束

聖洛之戰可說是至關重要，甚至意味著以蝸牛般的速度推進並殲滅佔據籬牆的每一個敵人都在所不惜。

當第29師離拿下聖洛的目標越來越接近時，持續不停的戰鬥卻大幅損耗了該師的實力。第116步兵團接收了一百二十五名補充兵，以重建其至少一個突擊營，但只恢復到原有戰力的百分之六十；儘管第116團在七月十六日至十七日的夜間又接收了另外二百五十名補充兵，但軍官與士兵總數只達到四百二十人，與美國陸軍野戰步兵團的規定員額相比仍有很大差距。第115步兵團的戰力也好不到哪裡去，因為其中一個步兵營轄下的每個步兵連均只剩下一個排的步兵。

到七月十七日，也就是展開拿下聖洛的最後攻勢之前一天，第175步兵團轄下的三個步兵連大約只有二百人左右，且大部份的軍官和士官非死即傷。雖然這三個團是最極端的例子，但其他步兵營多多少少都缺乏訓練有素的步槍兵。[10]

為了攻克聖洛，蓋爾哈特將軍轉而運用機械化部隊和裝甲部隊，他因此指示科塔准將組成一支特遣隊，下轄戰車、驅逐戰車、偵察戰車或輕型戰車、裝甲車和工兵部隊。這支部隊將在師的後方地區集結，其選定的位置將有利於朝伊斯尼－聖洛高速公路挺進或是向東直至馬賀廷維爾河嶺。[11]

七月十七日，第29師恢復向聖

↓在距離前線僅僅只有一英里的前進醫療站中，醫護兵在傷患被運往後方返回英格蘭的醫院船上前給予他們緊急治療。

洛的攻擊，並試圖救援賓漢少校被孤立的部隊。為了抵達賓漢的指揮所，蓋爾哈特將軍下令托馬斯‧霍威少校（Thomas D. Howie）指揮的第116步兵團第3營嘗試救援。霍威少校的部隊冒著如冰雹般落下的德軍砲兵和迫擊砲火力緩緩推進，終於與賓漢的部隊接觸。第116團團長菲立普‧德威爾上校（Philip R. Dwyer）不久之後便下令這兩個單位開始向聖洛進軍，霍威少校則通知德威爾上校，表示以賓漢的部隊目前狀況，無法繼續進行攻勢作戰，不過當德威爾問到他的部下能

否首先進入該城，這位少校卻滿腔熱情地回應可以。不過就在幾分鐘後，一顆德軍砲彈炸死了霍威少校，他的執行官威廉・龐騰尼上尉（William H. Puntenny）接手指揮該營，不久之後便重編部隊，然後沿著貝希尼高速公路向聖洛進攻。

在向該城邊緣移動了數百碼之後，德軍的火砲和迫擊砲猛烈轟擊前進中的美軍部隊，並威脅切斷他們與第29師其餘部隊的連繫。另一個也陷入麻煩中的單位是做為第115步兵團中路部隊的一個營，該營已在十七日下午設法推進至聖洛

↓當德軍突然進行砲擊時，籬牆也能夠提供一些有用的掩護。從他們的裝備外觀看起來，他們待在前線上的時間還不長。

的東北方郊區，但被德軍的強大火
力打得抬不起頭來。由於惱怒，再
加上來自柯爾雷特將軍下令突破的
壓力，蓋爾哈特將軍告訴第115團
的團長，該師的前進取決於該營是
否能攻進聖洛，且如果有必要的
話，他不惜消耗掉整個營來達成此
一決定性任務；到了七月十七日的
傍晚，第115步兵團的部隊已在該
城東北邊緣的附近，但在向該處推
進的過程中遭受慘重傷亡，幾近消
耗殆盡。

因為蓋爾哈特將軍相信進入聖
洛唯一可能的地點是位於東北方的
通道，因此他改變了一星期前制定
的機動作戰方案。為了進入聖洛的
最後一擊，第29師師長下令左翼的
兩個團在馬賀廷維爾河嶺上守住陣
地，而由第115步兵團進行最後的
猛攻。柯爾雷特將軍感到有些驚
慌，大部份要歸咎於該師穿越籬牆
區域、更重要的是對聖洛周邊的高
地反覆進行突擊，他因此命令蓋爾
哈特將軍要立即攻下聖洛，不能再
拖延。

德軍的態勢

對德軍來說，隨著時間一小時
又一小時地流逝，聖洛的局勢變得
越來越無望。因此德軍各總部之間
與美軍指揮高層相反，瀰漫著一股
緊張的氣氛。豪塞爾上將明白聖洛
地段現已在無法繼續防守，因而要
求西線總司令部（克魯格）和最高
統帥部（約德爾）允許德軍撤退，
並在該城的南方外圍建立一道新防
線。出人意料的是，柏林最高統帥

→一支摩托化縱隊突然
停止前進，因為來自聖
洛周邊地區的德軍砲火
直接命中了一輛指揮
車。

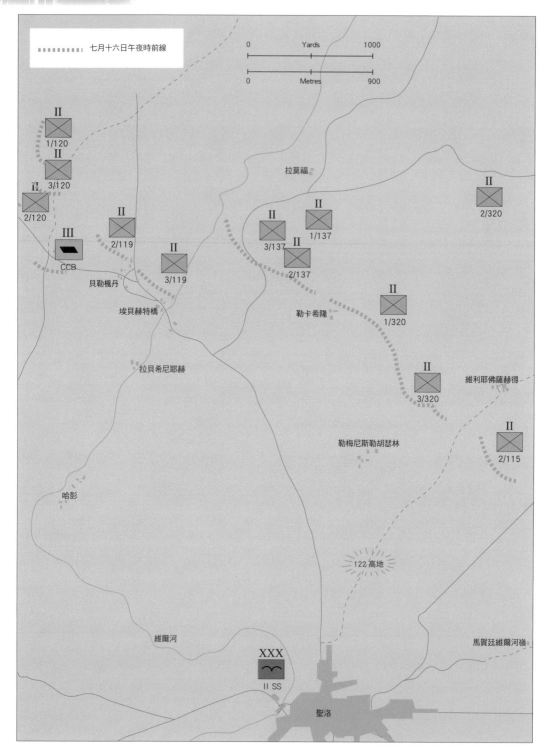

七月十六日午夜時前線

0 ‧ Yards ‧ 1000

0 ‧ Metres ‧ 900

II
1/120

II
3/120

II
2/120

III
CCB

II
2/119

II
3/119

貝勒楓丹

埃貝赫特橋

拉貝希尼耶赫

哈彭

拉莫福

II
3/137

II
2/137

II
1/137

II
2/320

勒卡希隆

II
1/320

II
3/320

維利耶佛薩赫得

勒梅尼斯勒胡瑟林

II
2/115

122 高地

維爾河

馬賀廷維爾河嶺

XXX
II SS

聖洛

部的一位作戰官通知豪塞爾，他可以採取一切認為有必要的手段進行撤退行動，直接抵觸了希特勒現行的堅守到底命令；在下令後撤之後，他還被告知要遞交報告，指出敵軍已在數個地點突破他的主抵抗線，只有在克服最艱鉅的困難之後，他才能夠建立一條新防線！

由於德軍部隊在防衛聖洛與周邊高地時的嚴重損耗，裝甲教導師已無法防止第30師朝它的目標前進，而第2傘兵軍重建其在聖洛以北防線的打算也宣告失敗，因此已不可能阻止美軍可能將國防軍部隊包圍在城內的行動。隨著作戰及戰術層面局勢以越來越快的速度惡化，德軍也失去了他們最佳的野戰指揮官，隆美爾元帥在七月十七日

遭到一架盟軍飛機低空掃射攻擊，不幸身受重傷。

隆美爾的遺缺由克魯格元帥接任，他一方面承擔對B集團軍的戰術指揮重任，也同時留任西線總司令，這位老練的裝甲部隊指揮官尋求如何才能防止德軍在諾曼第的整體態勢徹底崩潰。

在最高統帥部知會約德爾將軍豪塞爾撤退的消息後，克魯格希望渺茫地試圖避免第7軍團在聖洛的主抵抗線被完全突破。這位元帥命令豪塞爾將美軍拒於該城之外，不過他並沒有多少預備隊可以派給他執行這道命令。第5傘兵師幾天之前才從不列塔尼趕到，已被投入支援裝甲教導師的戰鬥中。此外第275師也尚未抵達聖洛地區，而西

↑雙方為了控制此一戰略要地，經過數周的激戰後，聖洛已徹底成為一片廢墟。第1軍團若要突破進入法國內陸，不可能不控制這個交通中心。

←1944年7月11日，聖洛以北的局勢。

↑經歷過籬牆戰鬥後，
美軍裝甲部隊在8月初
穿越聖洛的斷垣殘壁，
向南方和東方展開大規
模進擊。圖中被擊毀的
戰車是德軍四號戰車。

部戰區裝甲兵團則持續強化岡城城
內和周邊地區的陣地。事實上，為
了支撐聖洛周圍的防務，步兵上將
史派德建議克魯格元帥將黨衛軍第
1裝甲師「警衛旗隊」師調動至本
地段，不過克魯格拒絕了此一要
求，堅持黨衛軍第1裝甲師應留在
岡城城內與附近地區，因為「他已
經在計劃對岡城地段上的英軍進行

一場糟透了的大規模攻擊，將會動
用黨衛軍第1和第2裝甲師。」[12]

正當豪塞爾上將編組一支能夠
防止德軍陣地完全破裂的部隊時，
美軍第29步兵師已準備向聖洛進行
最後強攻。在通知科塔將軍準備開
拔後，蓋爾哈特將軍於七月十八日
稍早時下達向聖洛城內進軍的命
令。第29步兵師的裝甲特遣部隊從

集結區出發後，沿著伊斯尼－聖洛高速公路一路挺進。面對反戰車砲和步槍射擊的零星抵抗，第115步兵團第1營輕易進入了該城的東北城區；其間，第35師終於向122號山丘進行最後的猛撲，一舉成功，在科塔將軍的C特遣隊進入聖洛的同一時間佔領該地。

回馬槍

　　不過德軍的抵抗尚未結束，豪塞爾下令立即發動逆襲以奪回該城。霎時間，德軍砲兵和迫擊砲發射的砲彈狂炸美軍戰線，第352師同時對前進中的美軍發動逆襲。豪塞爾的部隊由於實力太弱而無法驅逐美軍，再加上無法獲得進一步的增援，因此停止進攻，使得第29和第35師完全控制聖洛。遭到痛擊卻未戰敗的德軍第352師在當天夜裡和接下來的幾天當中多次發動逆襲，在聖洛城內持續打擊美軍。對柯爾雷特將軍和麾下各指揮官來說，這樣的狀況提醒他們還有一大段路要走。不過在七月二十日時，第29師的官兵們持續在這場戰役的最後階段中掃蕩堅持戰鬥到底的小群德軍士兵，正當蓋爾哈特將軍透過電話連絡科塔將軍，表示聖洛已經落入美軍手中時，第19軍的軍長告知他的部下這速度實在是太慢了：「國家廣播公司（NBC）比你們早一步啦！」

　　美軍經過長達八天的戰役後拿下聖洛，並非沒有付出代價。第29師在戰鬥中有超過三千人傷亡，第35師則遭受二千人傷亡。其中，霍

威少校的陣亡更是聖洛之戰慘烈犧牲的赤裸裸證明，他的遺體依照蓋爾哈特將軍的命令被送進城內，安放在一座天主教教堂中，並覆上美國國旗，以提醒部隊官兵自從六月六日以來，數千名在籬牆間陣亡的戰友們所做的犧牲。

總結

　　美軍第1軍團的官兵們經過八天的戰鬥，達成了布萊德雷將軍從諾曼第灘頭突破之全面性計劃當中的第一個首要目標。傷亡數字指出，這絕不是件簡單的戰功。的確，在卡倫坦－科騰丁半島裡裡外外的戰鬥證明了德國陸軍離戰敗還很遠，事實上，它們面對盟軍在六

↓聖洛城內被擊毀的這輛M4戰車顯示德軍還有很多仗要打。諾曼第戰役將持續進行，直到8月底。

月六日的壓倒性突擊，也沒有就此崩潰；雖然遭到痛擊，豪塞爾將軍的第7軍團卻未戰敗，且仍有進行攻勢作戰的能力。

　　戰術上來說，聖洛之戰以及所有的籬牆戰鬥，證明了聯合兵種在攻擊中的必要性。當布萊德雷將軍在一開始採用「廣正面」戰略時，看起來似乎掌握了在籬田區域中完全壓倒德國守軍，並在諾曼第登陸的頭幾天中成功地向聖洛推進的關鍵，但反而是蒙哥馬利元帥經過實地試驗，沿著一道狹窄正面以聯合兵種隊伍進攻的方法贏得籬牆之戰的勝利。只有當第19軍採取預先將每一道各別的籬牆視為個案的方式來精心處理、而不是使美軍部隊逐個暴露在致命輕兵器火力前的原則，才使傷亡人數降低。當布萊德雷將軍尋求利用大君主作戰的各戰略目標時，蒙哥馬利元帥明白不能以「大橫掃」方式，只能透過一系列精心策劃的作戰行動打每一場預先設計好的戰役，才能贏得西北歐的戰爭勝利，就像西元一九四四年六月和七月間諾曼第籬田區域裡爆發的戰役一樣。[13]

　　這不是布萊德雷將軍將才上的缺陷。經過消耗戰戰法的薰陶，他有更多的資源可以用來對付籬牆間的德國守軍。布萊德雷將軍以旺盛活力和充沛資源打這場籬田區域中的戰役，並利用任何他可調度的人員和物資來將他的專業能力發揮至頂峰。如同艾森豪將軍稍後在一封信中向美國參謀首長聯席會議主席喬治‧馬歇爾將軍承認的，有數項

特徵促成了一九四四年七月間諾曼第的戰鬥。這些艾森豪向馬歇爾將軍概述的特徵包括：「首先，一如往常，是德軍士兵的戰鬥素質，其次則是地形的本質，再者則是天氣。」[14]

　　簡單地說，這些因素的結合形塑了籬田的戰鬥。如同美軍所發現

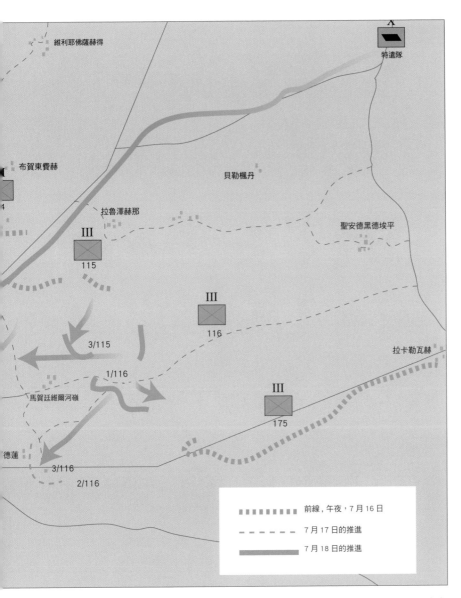

←第30師的各步兵團在肅清了聖洛周圍的山嶺後，必須將攻佔該城的任務留給C特遣隊。

的，D日前的情報摘要事實上曾經提到籬田區域的相關問題，不過並沒有人曾盡任何最大努力，使美軍地面部隊面對在當地與嚴密佈防的德軍戰鬥的可能性做好準備；第二，自負心態使美軍各指揮官想當然爾地以為，在D日後只能立即發動局部逆襲的德國陸軍已經被擊敗

了，當美國大兵們踏進在大自然和法國農莊的幫助下精心構築的縱深防禦網時，他們旋即發現這樣的想法造成了悲慘的結果。德軍能夠將絕佳的火力和堅實的縱深防禦網組織在一起，以拖延、甚至在有些狀況中阻擋美軍的前進。德軍在籬牆中的防務證明國防軍是防禦的能

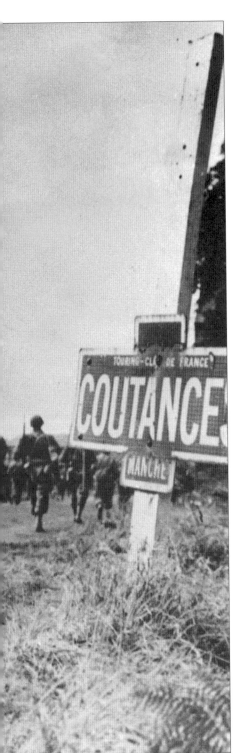

手，而西北歐的戰爭離結束還有一段漫長的路要走。另外，雖然研究這場戰役的歷史學家們時常輕視防守的德軍，認為他們是二線部隊，此一說法有一部份適用於東方部隊身上，但正規的國防軍單位證明他們仍有「持久力」，遠非被擊敗的軍隊。至於黨衛軍裝甲部隊和裝甲擲彈兵單位，他們直到最後都證明了將會、也的確會為了防衛帝國而戰至最後一人一彈，絕不寬恕敵人也不要求回報。

天氣的因素

最後，如同艾森豪將軍承認的，在諾曼第戰役的此一階段，天氣極不利於作戰，像是降雨、泥濘和霧氣均妨礙盟軍的空中作戰與補給。籬田區域的降雨和泥濘使得戰鬥更加艱辛，當渾身濕透又疲倦的美國大兵們舉步維艱地穿越一道又一道的籬牆，重複著炸開壕溝、消滅敵人的例行公事，對付決心死守到底的敵人時，這一連串的小規模交火看起來根本沒完沒了。如同一位美國大兵在戰役過後做出的結論：「我們打贏了諾曼第戰役……（但是）……考慮到美國人以性命付出的龐大代價，我們打輸了。」[15]

儘管布萊德雷將軍在「血腥籬田」中蒙受駭人的損失，他還是開始實施突破戰役第二階段，計劃派遣美軍裝甲部隊至塞納河及其後方地區，最後他終於能夠把美國軍事史上最血腥的其中一段時期拋諸腦後了。

←第7軍突破德軍在聖洛四周的防線後，於8月初時轉向東方和南方，向柯坦斯進行大規模側翼迂迴運動，並將在岡城以南的法萊茲停止。

第六章

結 論

籬牆戰役帶給我們的戰術教訓；德軍戰敗的理由；雙方最後所付出的代價。

諾曼第籬田區域的戰役闡明了美國陸軍自從西元一九四三年在北非進入戰鬥時開始，各指揮官在戰鬥中體認到的問題。雖然布萊德雷將軍和其他人指望美軍武器裝備的壓倒性優勢和數量優勢，但在籬牆間與德軍的戰鬥證明了戰爭仍是步兵和其支援武器的天下。

德軍在籬牆間精心設計的防務造成美軍步兵和聯合兵種指揮人員的問題，時常否定以火力和機動力壓倒敵人的「學院派解決方案」，幾乎不考慮一套統一的聯合兵種準則的需要。

的確，如同在籬牆間防守的德軍履次提醒進攻的美軍，是守方而非攻方決定戰鬥會在何時、何地以及如何進行。藉由選擇諾曼第的籬田區域做為其抵抗美軍第1軍團的第一站，國防軍短暫地使在戰車、車輛和其他機械化設備等方面佔壓倒性優勢的美軍動彈不得，並迫使美國陸軍以其選擇的條件、在其選擇的地形上戰鬥。

結果就是美軍幾乎必須為每一道灌木樹籬而戰，而德軍早就把它們轉變成一座的迷你要塞。以預先計劃好的突擊隊伍對付這些灌木樹叢的過程既耗時又費力，延後實現了布萊德雷將軍避免第一次世界大戰式消耗戰的欲望。籬田上戰鬥的殘忍程度，可由美軍在三個星期戰鬥中所遭受的傷亡數字看出來。根據蒙哥馬利元帥的看法，美軍的傷亡數字十分驚人，並反映了在諾曼第「血腥籬田」中戰鬥的本質：

美軍在籬田區域的每周傷亡人數

至	負傷	陣亡
1944年6月22日	15,362	3,012
1944年7月10日	32,443	6,898
1944年7月19日	51,387	10,641

以上的數字證明了蒙哥馬利元帥稍後對諾曼第會戰「完全依照入侵前計劃進行」的說法是錯誤的。在登陸前沒有任何一位計劃人員能夠預見到美軍部隊在籬田區域面對的難題，且就算他們真的預料到了，部隊還是會被投入戰鬥之中，對眼前戰鬥的嚴峻考驗手足無措。布萊德雷將軍在他的總結中更正確地指出，對盟軍（英軍和美軍）來說唯一的選擇就是「徹底粉碎」德軍的前線防務，因為只有「突破」才能造成敵軍防線的破裂，使美軍

←1944年7月25日，眼鏡蛇作戰展開：這是諾曼第戰役從步兵戰鬥轉變成裝甲部隊沿著八公里（四‧五英里）寬的正面向法國心臟地帶進行大規模衝鋒的重要時刻。

和英軍部隊在機動戰當中能夠利用他們的機動性優勢。

雖然蒙哥馬利和布萊德雷之間就誰的方法對諾曼第戰役期間擊敗德國陸軍一事有所幫助的辯論在戰後回憶錄當中持續延燒，籬田區域的戰鬥再度凸顯了聯合兵種的重要性以及現代機械化戰爭的必要條件。這是一項在籬田中一度變得十分明顯的事實，展現出美軍指揮官們忽略了為麾下部隊做好準備以面對西北歐的戰鬥。儘管戰前的美軍教條曾特別提到訓練部隊進行多兵種聯合作戰的需要，事實卻是準備進行大君主作戰的美國大兵和美軍野戰指揮官們，尤其是布萊德雷將軍本人，尚未完全吸取一九四三年二月凱塞林隘口慘敗的教訓。事實

上，布萊德雷將軍埋首於為美國陸軍面對西北歐無情嚴峻考驗做準備時，甚少提及或參考凱塞林隘口的教訓。的確，發生在籬田區域裡的事情只是強化了美國陸軍為在法國戰鬥做準備的過程中，嚴重忽略聯合兵種訓練的事實，而此一事實證明了對籬牆間、以及接下來整場法國和進入德國等戰役進行的方式具有決定性影響。

在籬田戰鬥學到的教訓之中，需要更有效的戰步協同最為至關重要，特別是當美軍部隊開始逼近齊格飛防線（Siegfried Line）的時候。雖然美軍指揮官全神貫注於突破諾曼第以及迅速橫越法國的計劃作為和執行，行動後報告卻同意在諾曼第區域汲取的經驗證明不同戰

↓在美軍第1軍團的東邊，貝優以南的英軍第8和第30軍展開他們的藍制服作戰（Operation Bluecoat）。

鬥兵種間需要更緊密的合作。

從戰術觀念上來看，第1軍團證明在其第一場大規模會戰中，於籬牆間與國防軍的主力部隊戰鬥剛開始時是沒有效果的；德軍在諾曼第的農田裡精心構築的防務證明，只有步兵和支援他們的部隊，加上身後有能量強大的後勤與支援體系支撐，才能贏得戰爭，而不是什麼宏大的戰略。在籬田戰鬥中，美軍和德軍間的共同點是強調戰鬥寄託於各別單兵的戰鬥技巧，再加上穿越一道又一道的灌木樹籬前進，而不是一波大掃蕩、或是畫在指揮所或作戰指揮中心地圖板上的箭頭。

至於德軍只有在籬牆間採用精巧的防禦戰術，才避免了他們稍後承認可能會出現的諾曼第防禦總崩潰。只有持續地轉移兵力越過引導美軍第1軍團廣正面戰略的地形上，國防軍才能避免被徹底擊潰。不過事實在於無法集中有效兵力，大幅妨礙了德軍在籬田中藉由集結兵力對付各式各樣的美軍部隊，以擴張他們的成功。如果德軍能夠集中部隊的任何一部份，在聖洛以外的區域對付美軍任何一個師，他們就可能在任何地段逆轉會戰的走向；然而他們卻被迫遏制局部突穿，以解除施加在他們前線單位上

↑隨著聖洛的聯外道路已沒有德軍阻攔，第7軍的裝甲縱隊開始前往位於柯坦斯城內的下一個主要公路交叉點。

的壓力。

德軍在籬田戰役中被擊敗還可以歸咎於另外一個因素，那就是部份單位在全神貫注於攻勢時缺乏進取精神。關於此點可說是鐵證如山，至少隆美爾和其他德軍資深軍官針對一九四四年七月十一日裝甲教導師的攻擊結果便是持此一觀點；此事在美國陸軍官方戰史當中曾被提及，內容指出指揮高層對裝甲部隊整體的效果有所不滿。戰鬥精神是成功的絕對必要條件，而且有徵兆暗示部隊層次的戰鬥精神正在磨損。

↓當敵軍的防禦潰後，第4裝甲師的單位於7月30日進抵柯坦斯，但德軍早已離開了。

「缺乏精神」某種程度上可以歸因於德軍在人員和物資兩方面的短缺，雖然德軍部隊士氣高昂，但光是勇氣並不能彌補物資上的劣勢。簡單地說，德軍無法達到盟軍的開火速率，因為他們的運輸系統遭到盟軍飛機日夜不停地輪番轟

炸，並淪為法國抵抗運動襲擊的目標。

對盟軍來說，籬牆戰鬥消耗大量寶貴的人員和物資，但對德軍來說也一樣代價高昂，而且他們根本就無法像第1軍團那樣接替或補充部隊。根據西線總司令部在一九四四年秋季發佈的一份官方報告中指出，德軍最高統帥部表示從六月六日至七月九日為止，已損失一百五十輛四號戰車、八十五輛豹式戰車、十五輛虎一式戰車、一百六十七輛七五公釐突擊砲（三號和四號），還有幾近三十門八八公釐平高兩用砲，足足可裝備一整個黨衛軍師還有剩。

對德軍來說，在人力方面所付出的代價更駭人。六月六日至七月十一日間，在布萊德雷將軍開始強攻聖洛的時候，西線總司令部折損了約二千名軍官和八萬五千名士兵。在聖洛－科騰丁地段，單是第243師就損失超過八千人，第352師則損失約八千名軍官和士兵，裝甲教導師折損約三千一百四十名官兵；到了七月十七日，德軍總傷亡人數上升至十萬人，當中有二千三百六十人是軍官。儘管克魯格元帥不顧一切地試圖增援麾下在諾曼第消耗殆盡的各單位，但他有時候卻納悶，在灌木樹籬間的戰鬥中，最高統帥部是否清楚地認識到他麾下各師被迫在非打不可的大會戰中大量耗損部隊。

雖然籬牆間的戰役是一場步兵的戰爭，克魯格和其他德軍指揮官們，包括前西線總司令倫德斯特元

帥正確地瞭解到德軍擊退美軍第1
軍團的唯一機會，在於進行主動
式機動防禦。克魯格元帥希望有
「更多戰車」做為德軍步兵的「刺
針」，以應付盟軍任何進一步的突
破。不幸的是，德軍為了不在東線
和西線上被擊敗，已經到了山窮水
盡的地步。當籬田區域的戰鬥結束
後，蒙哥馬利元帥的第21集團軍和
布萊德雷將軍的第1軍團為盟軍在
西北歐的勝利奠定基礎，迫使德國
人承認儘管有較為優越的戰術與作
戰能力，國防軍在人力和物資等方
面再也沒有希望能與盟軍匹敵。蒙
哥馬利元帥在回憶錄中，對德軍在
諾曼第戰役期間的損失做了以下概
略估計：

德軍的損失：諾曼第戰役[1]

軍長和師長：二十人陣亡或被俘。
軍團司令：二人負傷（隆美爾、豪
塞爾）。
西線總司令：二人被免職（倫德斯
特、克魯格）。
師級部隊：四十個師被殲滅或受重
創。
總損失（估計）：三十萬人。
火砲：三千門被擄獲或被摧毀。
戰車：一千輛被擊毀。

　　不過，為了遏止美軍在諾曼第
突破，德軍已經竭盡全力。艾森豪
將軍在科騰丁半島最後作戰報告中
承認，隨著六個星期的過去，「這
場令人無法忍受的苦鬥是為了佔領
有足夠縱深的立足地區，以集結一
支龐大的打擊部隊，使我們可以徹

→ 巴頓將軍指揮第8
軍，於7月30日向南進
擊，且在同一天奪取阿
弗朗什，還俘虜了這些
戰俘。

底發揮潛在的物資優勢。這個過程比我們預期的還要久,大部份是由於不良的天氣條件一再擾亂人員和物資川流不息地越過海峽。敵軍頑強地戰鬥以壓制我們的橋頭堡,不過他們在任何時候都無法聚集力量以建構嚴重的攻勢威脅。」[2]就戰術及作戰角度而言,艾森豪將軍承認由於國防軍缺乏步兵,使其領導

階層想要依靠戰車擔任防衛性的角色以強化防務,轉而防止了德軍在更加機動的作戰當中運用他們在戰車方面的優勢,就像是倫德斯特元帥在盟軍登陸諾曼第許久之前所倡議的那樣;而一旦盟軍的突破確實發生,這也防止了德軍將裝甲部隊撤回並加以運用。有一種說法是,艾森豪將軍的評論等於是相信倫德

斯特元帥在D日之前的早期結論，認為機動防禦是擊敗登陸行動的最佳方法，與隆美爾打算在灘頭周圍固定式陣地裡戰鬥的想法相反。

至於籬田區域的戰鬥本身，侯提茲的觀點對美德雙方的士兵們來說也許是最佳的總結。他評論一九四四年夏季諾曼第的戰鬥是「駭人聽聞的血戰，在戰爭的十一年裡從未目睹同樣的事。」[3]不過，對歷經非比尋常的苦難才克服德軍在諾曼第籬牆間絕妙精巧的防禦陣地的普通美國大兵們來說，籬田區域的戰鬥帶來他們對德軍對手耳目一新的尊敬，而他們將持續心存如此的敬重之情，直到戰爭終結。

↓ 在8月的第一周，第30步兵師在聖洛以南，第19軍的戰區裡已拿下東夫戎鎮（Domfront）；從圖中可以看到，盟軍的轟炸機和砲兵已完成例行工作。

8月23日,第1軍團的M10驅逐戰車在通往巴黎的道路上行經楓丹白露(Fontainebleau)。

第一章

1　哈里森（Gordon Harrison），《第二次世界大戰中的美國陸軍：歐洲戰區——越過海峽進攻》（*United States Army in World War II: The European Theater of Operations: Cross-Channel Attack*）華盛頓：軍史中心（Washington D. C., Center of Military History, 1951 and 1989），頁57。之後標註為哈里森，《越過海峽進攻》。

2　同前註，頁57－8。

3　奧馬爾·布萊德雷（General Omar N. Bradley），《一個軍人的故事》（*A Soldier's Story*）紐約：藍燈書屋（New York: Random House, 1999），頁317－8。之後標註為布萊德雷，《一個軍人的故事》。

4　同前註。

5　密契爾·達伯勒（Michael D. Doubler），《打破籬牆：西元1944年6月6日－7月31日美軍在法國的多兵種聯合作戰》（*Busting the Bocage: American Combined Arms Operations in France. 6 June-31 July 1944*）俄亥俄州哥倫布市:俄亥俄州州立大學碩士論文（Masters Thesis, The Ohio State University. Columbus, Ohio, 1985），頁39。之後標註為達伯勒，《打破籬牆》。

6　同前註，頁39－40。

7　漢斯·史派德（Dr. Hans Speidel），《入侵，1944：隆美爾與諾曼第戰役》（*Invasion 1944: Rommel and the Normandy Campaign*）芝加哥：亨利·瑞吉內里公司（Chicago: Henry Regnery Company, 1950），頁35。之後標註為史派德，《入侵，1944》。

8　哈里森，《越過海峽進攻》，頁237。

9　同前註，頁239。

10　同前註，頁240。

11　等同於美國陸軍的中將。哈里森，《越過海峽進攻》，附錄H。

12　史派德，《入侵，1944》，頁36。

13　哈里森，《越過海峽進攻》，頁242。

14　同前註，頁248。

15　可參見艾爾文·隆美爾元帥，《隆美爾戰時文件》（*Rommel Papers*），B. H. Liddell Hart編，諾瓦克：伊斯頓出版社（Norwalk, CY, The Easton Press, 1988），頁469－472。之後標註為隆美爾，《隆美爾戰時文件》。（譯者註：此書中文版在國內由已故知名戰略學者鈕先鍾教授翻譯，並由星光出版社出版。）

16　同前註，頁469。

17　哈里森，《越過海峽進攻》，頁258。

第二章

1　達伯勒，《打破籬牆》，頁54。

2　同前註，頁54。

3　同前註，頁54。

4　同前註，頁10。

5　同前註，頁14-5。

6　可參見威廉‧歐東（William O. Odoms），《壕溝之後：美國陸軍準則的轉型，西元1918-1939年》（*After the Trenches: The Transformation of U.S. Army Doctrine, 1918-1939*）大學城：德克薩斯A&M出版社（College Station: Texas A&M Press, 1999）與美國戰爭部（U.S. War Department），《野戰勤務規則》（*Field Service Regulations, FM-100-5*）利文渥斯堡：美國陸軍指參學院出版社（Fort Leavenworth: U.S. Army Command and General Staff College Press, 1992）。

7　同前註，頁60。

8　可參見斯蒂芬哈特（Stephen Hart），《蒙哥馬利與「大崩潰」，第21集團軍在西北歐，西元1944至1945年》（*Montgomery and "Colossal Cracks," The 21st Army Group in Northwest Europe, 1944-1945*）威斯特波特：普雷格出版公司（Westport, CT: Praeger Publishing Co., 2000）與伯納德‧蒙哥馬利元帥，《從諾曼第到波羅的海》（*Normandy to the Baltic*）波士頓：哈夫頓‧米夫林公司（Boston: Houghton Mifflin Co., 1948）

9　同前註，頁60。

第三章

1　哈里森，《越過海峽進攻》，頁375。

2　同前註，頁381。

3　同前註，頁381-382。

4　同前註，頁383-384。

5　密契爾‧達伯勒（Michael D. Doubler），《靠近敵人：美國大兵在歐洲如何作戰，西元1944-1945年》（*Closing with the Enemy. How GIs Fought the War in Europe, 1944-1945*）勞倫斯：堪薩斯州立大學出版社（Lawrence: University of Kansas Press,1994），頁49。之後標註為達伯勒，《靠近敵人》。

6　同前註，頁46。

7　德懷特‧艾森豪威爾將軍，《歐洲的聖戰》（*Crusade in Europe*）紐約：達伯戴出版公司（New York: Doubelday & Company, 1948），頁269。之後標註為艾森豪威爾，《歐洲的聖戰》。

8　達伯勒，《靠近敵人》，頁48-48。

9　布拉曼生（Martin Blumenson），《第二次世界大戰中的美國陸軍：《歐洲戰區：突破與追擊》（*United States Army in World War II: The European Theater of Operations: Breakout and Pursuit*）華盛頓：軍史中心（Washington D. C., Center of Military History, 1993），頁43。之後標註為布拉曼生，《突破與追擊》。

10　同前註，頁43－44。

11　雷昂・史丹迪佛（Leon C. Standifer），《絕非徒勞。一名步兵回憶第二次世界大戰》（*Not in Vain. A Rifleman Remembers World War II*）巴頓魯治：路易西安那州立大學出版社（Baton Rouge: Louisiana State University Press: 1992），頁142－143。

第四章

1　希特勒在7月初下令由克魯格取代倫德斯特。可參見布拉曼生，《突破與追擊》，頁47。

2　布萊德雷（Bradley），《一個軍人的故事》，頁316－317。

3　同前註，頁318。

4　蒙哥馬利，《從諾曼第到波羅的海》，頁107。

5　布拉曼生，《突破與追擊》，頁65。

6　同前註，頁76。

7　美國戰爭部，《聖洛（西元1944年7月7日－7月19日）》華盛頓：戰爭部歷史檔案處（Washington D. C., Historical Division, War Department, 1946），頁6。之後標註為美國戰爭部，《聖洛》。

8　同前註，頁7。

第五章

1　美國戰爭部，《聖洛》，頁51－53。

2　同前註，頁59－61。

3　布拉曼生，《突破與追擊》，頁150。

4　同前註，頁152。

5　同前註，頁154。

6　美國戰爭部，《聖洛》，頁55。

7　布拉曼生，《突破與追擊》，頁157。

8　美國戰爭部，《聖洛》，頁72－75。

9　同前註，頁84－86；布拉曼生，《突破與追擊》，頁160－163。

10　布萊德雷，《一個軍人的故事》，頁319。

11　布拉曼生，《突破與追擊》，頁166。

12　同前註。

13　可參見詹姆斯・溫葛特納（James. J. Weingartner），《希特勒的衛隊：黨衛軍阿道夫・希特勒親衛隊師的故事》（*Hitler's Guard: The Story of the Leibstandarte SS Adolf Hitler 1933-1945*）卡本代爾：南伊利諾大學出版社（Carbondale: Southern Illinois University Press, 1968），頁104－105。

14　可參見哈特（Hart），《蒙哥馬利與「大崩潰」》，頁85－88。

15　布拉曼生，《突破與追擊》，頁177。

第六章

1　蒙哥馬利，《從諾曼第到波羅的海》，頁236。

2　〈德懷特‧艾森豪威爾將軍最高統帥致聯合參謀首長會議有關西元1944年6月6日至西元1945年5月8日盟國遠征軍在歐洲作戰之報告〉（*Report by the Supreme Commander to the Combined Chiefs of Staff on the Operation in Europe of the Allied Expeditionary Force 6 June 1944 to 8 May 1945*）華盛頓：陸軍時報（Washington D. D., Army Times, 1945），頁28。

3　布拉曼生，《突破與追擊》，頁231。

美軍步兵師（一九四三年）

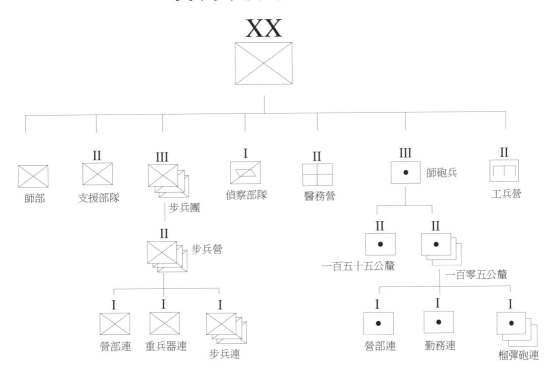

軍官：七百六十一人

准尉：四十四人

士兵：一萬三千二百三十八人

總計：一萬零四十三人

國防軍步兵營（一九四四年）

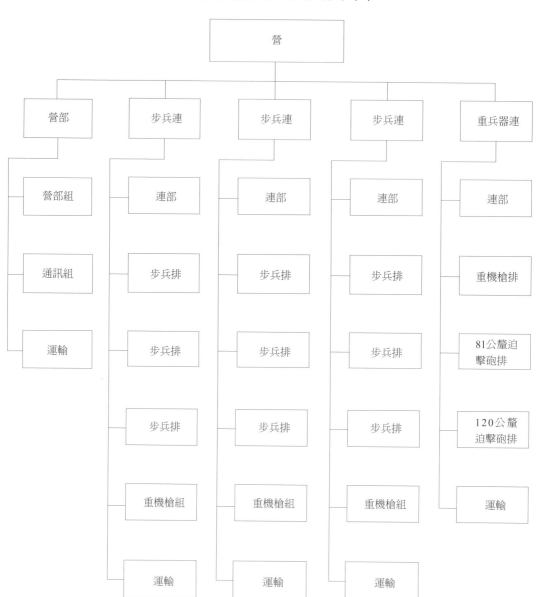

```
                              營

    營部      步兵連     步兵連     步兵連     重兵器連

    營部組     連部       連部      連部       連部

    通訊組     步兵排     步兵排     步兵排     重機槍排

    運輸       步兵排     步兵排     步兵排     81公釐迫
                                              擊砲排

              步兵排     步兵排     步兵排     120公釐
                                              迫擊砲排

              重機槍組    重機槍組   重機槍組    運輸

              運輸       運輸      運輸
```

國防軍步兵團（一九四四年）

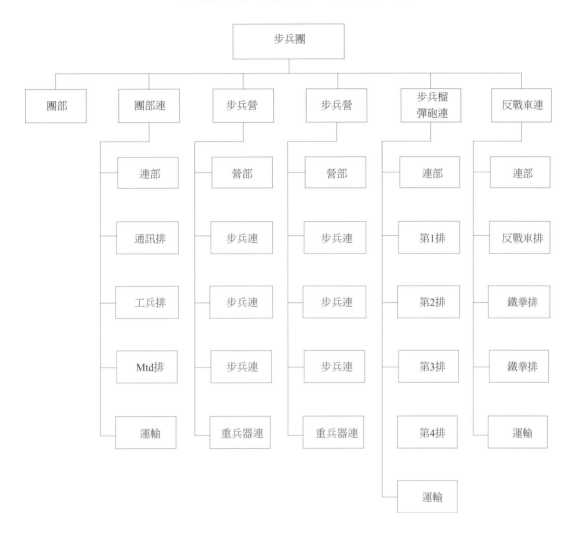

國防軍步兵師（一九四四年）

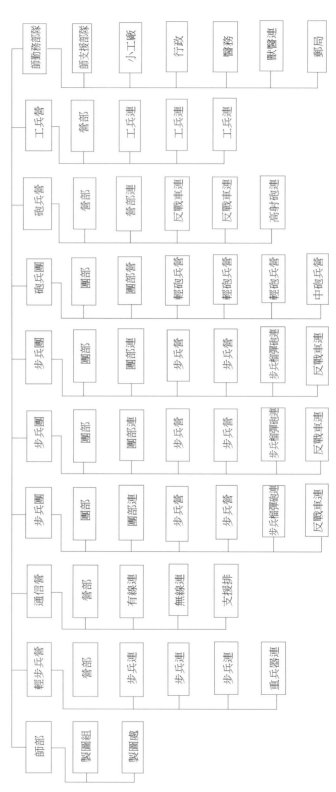

| 師部 | | | | | | |
| 製圖組 |
| 製圖處 |

師勤務部隊
師支援部隊 — 小工廠 — 行政 — 醫務 — 獸醫連 — 郵局

工兵營
營部 — 工兵連 — 工兵連 — 工兵連

砲兵營
營部 — 營部連 — 反戰車連 — 反戰車連 — 高射砲連

砲兵團
團部 — 團部營 — 輕砲兵營 — 輕砲兵營 — 輕砲兵營 — 中砲兵營

步兵團
團部 — 團部連 — 步兵營 — 步兵營 — 步兵榴彈砲連 — 反戰車連

步兵團
團部 — 團部連 — 步兵營 — 步兵營 — 步兵榴彈砲連 — 反戰車連

步兵團
團部 — 團部連 — 步兵營 — 步兵營 — 步兵榴彈砲連 — 反戰車連

通信營
營部 — 有線連 — 無線連 — 支援排

輕步兵營
營部 — 步兵連 — 步兵連 — 步兵連 — 重兵器連

師部
製圖組 — 製圖處

國家圖書館出版品預行編目資料

籬牆之戰：一九四四年六至七月，布萊德雷的第 1 軍團在諾
曼第／李歐‧多特提（Leo Daugherty）著；于倉和譯． --
第一版． -- 臺北市：風格司藝術創作坊，2009.04
面； 公分． --（軍事連線；7）
譯自：*The Battle of the Hedgerows：Bradley's First Army in
Normandy, June–July1944*
ISBN 978-986-84713-4-4（平裝）

1. 第二次世界大戰 2. 諾曼第登陸

712.843   98004898

軍事連線 07

籬牆之戰：一九四四年六至七月，布萊德雷的第 1 軍團在諾曼第

作　　者：李歐‧多特提（Leo Daugherty）
譯　　者：于倉和
責任編輯：苗　龍
發 行 人：謝俊龍
出　　版：風格司藝術創作坊
發　　行：軍事連線雜誌
　　　　　Tel：(02)2363-7938　　Fax：(02)2367-5949
　　　　　http://www.clio.com.tw
讀者服務信箱：mlm@clio.com.tw
讀者服務 Skype：mlmonline
msn：mlmonline@clio.com.tw
總 經 銷：紅螞蟻圖書有限公司
　　　　　Tel：(02)2795-3656　　Fax：(02)2795-4100
　　　　　地址：台北市內湖區舊宗路二段 121 巷 28.32 號 4 樓
　　　　　http://www.e-redant.com
　　　　　E-mail:red0511@ms51.hinet.net
出版日期：2009 年 04 月　第一版第一刷
訂　　價：420 元